웨슬리 영성수련 프로그램

권희순 지음

kmc

　　최근 심리학은 종교적 영성과의 만남을 활발히 진행하고 있다. 특히 1960년대 중반 심리학자들은 그 동안의 심리학에 한계를 느끼면서, 인간의 가장 깊은 갈망과 목마름은 영적인 것이라는 사실을 발견하게 되었다. 따라서 인간을 전인적으로 이해하기 위해서는 인간의 영적 차원을 포함하지 않으면 안 된다고 주장하는 학자들이 속출하였다. 1960년대 중반, 영성과 심리학의 통합을 추구하는 영성심리학(Transpersonal Psychology)의 탄생은 이와 같은 필요에 대한 자연스러운 응답이었다.

　　영성심리학은 영성과 심리학이라는 두 분야에 모두 공헌하고 있다. 심리학은 영성에 대한 이해를 통해 인간의 경험과 가능성에 대해 더욱 폭넓게 조망하게 되었고, 종교적 영성은 심리학이라는 과학을 통해 새로운 시각에서 영성수련을 바라보며 큰 도전을 받고 있다. 즉 종교의 영성과 심리학적 이해에 대한 연구는 인간에 대한 더욱 폭넓은 이해로 발전해 가고 있는 것이다. 트랜스퍼스널 심리학의 연구 영역이 인간의 자아를 넘어 광범위한 모든 분야에 이르지만, 트랜스퍼스널 심리학자들의 주요 관심이 인간의 영성이 매일의 삶과 행동과 정신 과정에 어떤 영향을 미치는지에 맞추어져 있기 때문에 트랜스퍼스널 심리학을 영성심리학이라고 이해하는 것이 가장 바람직하다.

　　영성 심리학자들은 다음과 같은 중요한 두 전제를 주장한다. 첫째, 영적 변화는 자아실현(self-actualization)을 촉진한다(Assagioli, 1993; Grof and Grof, 1989; Jung, 1990; Maslow, 1993; Washburn, 1995; Wilber, 1980, 1996). 둘째, 각 종교가 제시한 영성수련 방법들은 영적 변화를 통한 자아실현 방법이다(Assagioli, 1993; Durckheim, 1976; Grof & Grof, 1989; Jung, 1990; Maslow, 1971; Washburn, 1995;

Wilber, 1980, 1996). 영적 변화가 자아실현을 촉진한다는 전제에 대해서는 그 동안 많은 연구가 진행되었다(Chang, 1998; Hong, 1993; Tloczynski, Knoll& Fitch, 1997). 그러나 각 종교가 제시한 영성수련 방법들이 영적 변화를 통해 자아실현에 도달하는 방법이라는 두 번째 전제에 관해서는 더 많은 연구와 검증이 필요하다고 메커(Merkur, 1997)는 지적했다. 이렇게 과학은 종교의 영역에 도전하고 있다.

필자는 개인적인 영적 목마름 때문에 영성심리학을 공부하게 되었으며, 이 과정에서 웨슬리의 영성과 그의 영성수련과 영성 발달에 대해 관심과 이해의 눈을 뜨게 되었다. 불타는 심정으로 웨슬리의 영성수련을 중심으로 박사논문을 쓰게 되었다. 오래 전부터 필자는 성화 훈련과 영적 성숙을 위한 지침이나 가르침을 찾았지만 불행하게도 나 자신의 영적 순례를 위한 적합한 지침서를 발견할수가 없었다. 또한 개인적으로 매일 행하는 영성수련에서도 채워지지 않는 갈증을 느끼면서 그 이상의 어떤 것이 있을 것이라고 생각했다. 그러다가 기회가 닿아 미국에서 영적 지도자였던 가톨릭교회 신부님과 개인적으로 이냐시오의 영신수련(Spiritual Exercises)을 접하게 되었다. 그 때 얼마나 은혜를 많이 받고 감격했던지……. 그 후 캘리포니아 벌링게임에 위치한 머시 센터(리트릿 센터)에서, 그리고 또다시 필자가 공부했던 대학원의 학생들과 이냐시오 영신수련을 할 수있는 기회가 있었다. 「신앙의 단계」를 저술한 감리교 목사이며 심리학자인 제임스 파울러도 필자와 비슷한 방황을 할 때 이냐시오 영신수련의 영향을 받았다고 고백했다. 그리고 이 수련이야말로 기독교의 상징과 스토리를 통해 하나님께 어떻게 다시 승복할 수 있는지를 배울 수 있는 가장 중요한 자료라고 했다. 또한 자신의 영성생활을 어떻게 훈련할지를 가르쳐 준 가장 중요한 자료였다고 고백했다.(Fowler, 1991, 111)

하지만 이와 같은 영성수련을 하는 중에도 필자는 신학적 배경의 차이에서 오는 약간의 아쉬움과 함께 감리교 전통에는 이런 영성수련이 없는지 의문을 떨쳐 버릴 수 없었다. 그래서 감리교 전통에서 영성수련(Spiritual Exercises)을 찾기 시작하였다. 특히 웨슬리의 개인적인 영성생활과 영성훈련(영적 성숙을 위한 은총의 수단)에 대한 풍부한 가르침, 그의 영적 발달론인 구원의 단계에 대한 이해, 그리고 그의 신학에서 대단히 큰 감동과 영감을 받게 되었다. 그래서 즉시 웨슬리의 가르침에서 영성수련을 모으고, 그것들을 실제로 실천하며 수련하기 시작했다. 웨슬리의 영성수련은 필자에게 많은 도움을 주었으며, 곧 이를 매우 사랑하게 되었다. 그 후 필자가 목회하던 교회 교인들에게 이 수련을 조금씩 소개했고, 그들도 영적으로 큰 도움이 되었다고 고백했다. 그래서 웨슬리의 은총의 수단을 사용한 영성수련을 만들어서 관심 있는 사람들과 나누어야겠다는 생각을 하게 되었다. 이것이 이 논문을 쓰게 된 동기다.

필자가 이 논문을 쓰기 위해 영성수련을 실시했던 두 교회의 교인들은 영적으로 성장하였으며, 또한 백인 중심이었던 세인트 폴 연합감리교회(St. Paul's United Methodist Church, San Jose, California)에서도 이 수련을 소개하고 실천하여 교회 부흥과 영적 성장이라는 열매를 거두었다. 웨슬리의 영성수련은 지금도 필자의 개인적 영성생활에 큰 도움을 주고 있다.

기독교인들은 믿음으로 기도하면 하나님께서 응답해 주시고, 영성수련을 하면 심령이 새로운 힘을 얻는다는 것을 알고 있다. 그러나 이제까지 이러한 종교적 행위를 과학적으로 분석하고 입증하는 연구는 거의 없었다. 최근에 들어서야 영성과 심리학의 공유와 통합을 주장하고 나온 영성 심리학자들이 이러한 연구들을 진행하고 있다. "중보기도는 효과가 있는가?"(Positive Therapeutic Effects of Intercessory Prayer in a Coronary Care Unit Population, Byrd, Randolph, MD), "우울증 환자들을 위한 멀리 떨어진 곳에서 하는 중보기도의 효과에 대한 경험적 연구(An experiential study of the effects of intercessory prayer-at-a-distance on self-esteem, anxiety and depression," O'Laoire, Sean, 1993) 등이 그 좋은 예다. 필자는 과학적인 실험을 통해, 영성수련이 수련자들에게 어떠한 영향을 주는지, 그리고 영적 성장뿐만 아니라 인격적 성화에는 어떠한 영향을 미치는지를 영성심리학적으로 고찰하고 평가하는 논문을 완성하였다. 그리고 그 중의 일부(심리학적 분석과 논의를 뺀)를 정리하여 이번에 책으로 출판하게 되었다. 이 책 1부에서는 웨슬리 영성수련의 이론적 배경을, 2부에서는 영성수련의 실제를 소개한다.

이 책이 나오기까지 도움을 준 모든 분들에게 감사를 드린다. 특히 나에게 웨슬리를 소개하고 가르쳐 준 나의 반려자이며 선생이요 가장 좋은 친구인 김홍기 목사에게 진심으로 감사한다. 그리고 사랑하는 딸이자 친구인 영과 진에게도 사랑과 감사를 전한다. 번역과 교정을 도와 준 이소명 전도사와 박진우 전도사에게도 마음으로부터의 감사를 표한다.

이 영성수련 교재가 많은 사람들이 영적 성장을 이루는 데 도움을 주게 되기를 간절히 기도한다.

2006년 1월
권희순

목차

Contents

목차

Contents

부록

제1부 _ 웨슬리 영성수련의 이론적 배경

I. 영성수련이란?

A 영성수련의 필요성

우리에게 복음을 전해 준 미국 개신교회는 큰 위기에 직면해 있다. 1960년대까지 교인 수 1,100만 명으로 세계 제2의 교단이었던 미국 감리교회는 90년대로 접어들어 900만 명으로 그 세가 약해져 계속해서 하락세를 보이고 있다(Decker & Griesinger, 1997). 그 이유 중의 하나로, 평신도들의 사역에 필요한 적절한 영적 훈련이 더 이상 그 맥을 유지하고 있지 않기 때문이라는 지적이 있다(Kelley, 1972). 이것은 웨슬리가 가장 강조했던 영성수련이 회복되어야 함을 시사하는 대목이다.

한국교회는 그 동안 빠른 성장을 했다. 그러나 지금은 한국교회의 목회가 더 이상 영혼 치유나 영적 성숙을 위한 것이 아니라 성장 지상주의 혹은 경영 마인드에 기초한 기업논리로 전락하였다는 비판을 받고 있다. 한국교회에도 가장 중요하고 기본적인 영성수련이 빠져 있다. 성서 연구 모임은 많지만 영성수련이 부족함을 모두 절실하게 느끼고 있다.

오늘날 유럽과 미국인들은 기독교가 채워 주지 못하는 영적 목마름을 해결하기 위하여 동양의 종교에 지대한 관심을 보이고 있다(Kelley, 1972). 문제는 대부분의 교회가 초기의 영적 열정을 잃어버렸다는 것이다. 감리교회도 역시, 웨슬리의 주도로 행해진 감리교 초기 운동의 영적 가르침과 열정을 회복하려는 노력이 절실하다.

필자는 18세기 감리교 운동에서처럼 웨슬리의 영성수련을 정기적으로 행할 때 지금 이 시대에도 영적 변화와 인격적 변형이 이루어진다는 연구적 가설에서 출발했다. 만약 이 연구를 통하여 웨슬리의 은총의 수단을 사용해 만든 영성 수련이 이와 같은 변화를 가져온다면, 오늘날의 교회와 본인의 개인적인 영성과 목회에 도움이 될 것이라는 희망이 있었다. 그 동안의 연구 과정과 결과를 통해 정기적인 영성수련이 영적 변화를 가져올 뿐만 아니라 인격적 변화, 기독교적 언어로 말하자면 성화의 과정에 지대한 영향을 미친다는 사실을 논문에서 과학적으로 밝혀 본 것이다. [1]

ⓑ 영성수련의 개념

개신교 역사를 통하여 영성수련은 성장과 변화의 수레바퀴가 되어 왔다 (McMinn & McRay, 1997). 그렇지만 카모디(Carmody, 1990)는 역사적으로 영성 수련의 개념이 약했음을 지적한다. 그에 따르면, 영적 훈련과 성장은 신앙인이 믿음생활의 진보를 위해 의도적 노력에 초점을 두어야 한다. 그는 영성수련의 개념이 성서에 뿌리를 둔 것이지만, 고대, 중세, 현대라는 시대의 조류에 따라 변화되어 왔음을 지적한다. 그리고 오늘날 이에 대한 새로운 고찰이 필요한데, 한편으로 가톨릭과 정교회의 영성적 전통과 접촉하여 새롭게 형성된 개신교 영성으로 인해 새로운 영성운동이 일어나야 한다고 말한다. 그는 또한 종교개혁의 영성이 수도원적 영성을 배격하고 성서 연구 중심의 영성훈련에만 치우친 것이 오늘날과 같은 개신교의 메마르고 얄팍한 영성을 낳았으며, 그 결과 영적 목마름에 이르게 했다고 지적한다.

필자는 종교개혁 신학의 '신앙 의인화(Justification by faith)'를 강조한 것이

---

1. Hee Soon Kwon(2001), Personality and Spiritual Transformation Process Promoted by Spiritual Exercises in Wesleyan Tradition: Formulation, Assessment, & Effects, Unpublished Ph. D Dissertation. Institute of Transpersonal Psychology, Palo Alto, CA.

개신교회의 영적 발달 개념을 약화시켰다고 생각한다. 스탱거(Stanger, 1989)도 역시 종교개혁 신학은 믿음으로 의롭다 하심이 개인 영적 생활의 전부인 것처럼 강조하였다고 비판했다. 또 이 시대 목회자를 양성하는 개신교 신학교의 교육도 신학적 지식 중심으로 흐른 나머지 중요한 영성수련이나 목회자적 인격교육이 커리큘럼에서 빠져 있다고 지적한다.

필자는 더욱이 웨슬리의 후예인 감리교회가 초기 감리교 운동의 독특한 경험과 가치 있는 전통이 표현된 영성개발과 영성수련을 발전시켜야 한다고 믿는다. 켈리(Kelly, 1972)는 이 시대가 엄격한 규율과 통제를 싫어하지만, 영적 성장을 도모하는 그룹은 엄격한 훈련을 선호하며 그 나름의 가치를 두고 있음을 지적하였다. 한편 포스터(Foster, 1988)는 이런 엄격하고 강한 영적 훈련의 목적은 사실상 자기 중심적 삶과 두려움에서 사람을 자유롭게 하는 것이라고 말하였다.

웨슬리와 감리교 전통에는 영성수련을 위한 강한 신학적 배경이 있다. 그러나 역설적이게도 현재 감리교회는 이와 같은 가르침을 강조하지 않는다(Kelley, 1972). 물론 켈리는 미국 감리교회를 언급하는 것이지만 이런 경향은 세계 대부분의 감리교회가 비슷하다. 이에 대하여 매독스(Maddox, 1998)는 이 원인이 지난 40여 년 동안 감리교 신학이 순간적 회심(instantaneous conversion)과 순간적 전적 성화(instantaneous entire sanctification)를 강조해 왔기 때문임을 지적하였다. 그는 이와 같은 신학적 영향은, 성화와 성결의 삶을 이루기 위한 필수 차원인 영적 성장을 상대적으로 등한시하게 했을 뿐만 아니라 우리의 영적 삶을 키우는 영성수련과 다양한 은혜의 수단을 가볍게 생각하게 했다고 지적했다.

매독스(1998)는 영성수련을 위한 지침을 영성수련으로 이해하기보다 소위 '적당히' 거룩한 삶의 방식을 규정하는 표시로 생각했음을 지적했다. 아니면 '세상에 보이기' 위한 구별의 표시로, 혹은 교인으로서 하나님의 권위에 복종하는 단순한 테스트 등으로 생각했기 때문이라고 비판했다. 이런 변화를 가져온 더 중요한 이유는 종교개혁 신학이 인간의 노력은 성령세례 이전에는 무모한 것이며, 하나님의 말씀에 복종하는 것은 주로 성령세례를 받은 후에 자발적으로 이루어지는 것임을 가르친 데 있다. 이런 관점에서 내적인 것은 이미 성령세례를 통하여 이루어졌으므로, (여러 종류의 은총의 수단을 포함해서) 영적 훈련을 위한 규칙에 따른 수련은 주로 외적인 것을 의미했다. 그래서 신앙인들은 이와 같은 외적인 행위는 아무 의미도 없다는 생각을 하게 되었다고 그는 비판한다.

매독스는 영적이며 도덕적인 선택과 행동, 하나님의 은혜에 대한 응답으로서 성화의 인격 형성을 위한 영성 운동에 다시 불을 붙이는 방법을 찾아야 한다고 주장한다. 다시 말하면 웨슬리의 정서적이며 도덕적 심리학과 같은 영성 운동을 회복해야 한다는 것이다(1998, 65). 그는 논문에서 현대 심리학과의 계속적인 대화를 제안한다. 그러나 그가 현대교회의 영성 현실에 대한 좌절과 절박감을 호소하면서도, 어떻게 웨슬리의 은총의 수단을 효과적으로 활용할 수 있는지 혹은 어떻게 현대 심리학과 대화할 수 있는지에 대해서는 논의하지 않았다는 점은 아쉬움으로 남는다.

풍부한 영성적 가르침과 전통에도 불구하고 왜 감리교인들에게 영성수련의 개념이 부족할까? 이는 그 동안 의인화의 은총(하나님에 의한)을 성화의 은총(하나님의 은혜 안에서 인간의 참여로 거룩해지는)보다 강조한 종교개혁 신학의 영향이라고 생각한다. 웨슬리 신학자 김홍기는 「웨슬리의 구원론(성서연구사, 1996)」에서 이 문제에 대해 더 자세히 설명하였다. 매독스(Maddox, 1994)는 이 의인화와 성화의 개념이 웨슬리에게서 어떻게 조화를 이루는지 다음과 같이 설명한다.

> 웨슬리는 (1) 성결함이란 여러 가지 은총의 수단을 통해 부여되는 하나님의 과분한 선물이라는 주장과 (2) 감리교 영성의 특징으로 간주되어 온 성결을 이루게 촉진시키는 훈련으로서 은총의 수단을 추천하는 것을 조화롭게 강조했다. 그러나 웨슬리는 양자의 조화와 균형이라는 그의 유산을 따르는 일이 참으로 어려웠음을 유감스

러워했다. 웨슬리는 기독자의 성결을 근본적으로 사람의 기질 변화로 보았다. 이것은 사람의 마음을 깨끗케 하시는 하나님의 은혜로 이루어지는 것이지만, 마음에 있는 사랑을 새롭게 하고 양육하는 것은 경건의 훈련과 긴밀한 관계가 있다고 가르쳤다. 인간의 기질은 이미 결정되어 있어 변할 수 없다는 19세기 당시의 분위기 때문에 인간의 기질 변화에 대한 논란은 점차 사그라졌고, 그로 인해 성결의 개념은 일시적인 하나님의 은사, 혹은 인간이 도달할 수 없는 이상으로 이해되었다. 이런 분위기에서 은총의 수단은 주로 의무적인 것으로 간주되었고, 은총의 수단을 통하여 규칙적인 영성수련을 행하는 것의 가치에 의문이 제기되기에 이르렀다.
(Maddox, 1994, 201)

이와 같이 웨슬리는 성화의 은총을 강조한 흔하지 않은 개신교 영적 지도자였다. 웨슬리 신학은 은총의 수단을 통한 영성수련의 회복 가능성을 폭넓게 제시한다.

C 영성수련의 중요성

존 웨슬리는 35개 이상이나 되는 교단의 영적 아버지로, 그 중에서 가장 큰 교단이 감리교회다. 그 외에도 구세군, 나사렛교회, 성결교회, 펜테코스탈, 순복음교회 및 카리스마틱 갱신운동 그룹에 속하는 수백만 명의 영적 할아버지다. 이 모든 교파들은 웨슬리의 18세기 "규칙쟁이 신앙 갱신운동"과 깊은 관련이 있다.(Weakly, 1977)

'감리교도(Methodist)'는 '규칙쟁이'라는 의미다. 이 단어에서 짐작할 수 있듯이 웨슬리의 감리교 운동은 철저한 영성수련에 입각해서 이루어졌다. 하퍼(Harper, 1981)는 존 웨슬리를 영적 헌신의 사람이라고 보았다. 웨슬리의 일생은 영성수련의 방법, 내용, 훈련으로 점철된 삶이었다. 영성을 위한 엄격한 규칙은 그의 영성을 전혀 방해하지 않았으며, 오히려 더 깊은 차원으로 인도하는 수레바퀴였다(Harper, 1981)고 주장한 하퍼는 웨슬리가 순회설교가 중 한 사람에게 쓴 편지를 소개했다.

> 시작하십시오! 매일 개인적으로 영성수련의 시간을 정하십시오. 하고 싶든지 하기 싫든지 매일 정기적으로 말씀을 읽고 기도하는 시간을 가지십시오. 이것은 당신의 삶을 위한 것입니다. 다른 방법이란 없습니다. 그렇지 않으면 하루를 더 헛되게 낭비하게 될 것입니다. (Telford, John, ed. 4:103)

이런 전통을 이어받은 대부분의 교회가 영성수련에 대한 이해가 부족할 뿐 아니라 영성수련을 강조하지 않고 있음은 안타까운 일이다.

🄳 영성수련의 목적

영성수련의 목적은 영적인 훈련을 통해 일상생활에서 하나님의 현존을 경험하고 음미하게 돕는 것이다. 몸을 건강하게 하는 운동이나 체조와 마찬가지로 영성수련은 우리의 영혼을 건강하게 한다. 이냐시오는 영성수련을 다음과 같이 설명한다.

> 영성수련은 양심 성찰, 말씀 묵상, 관상기도, 소리 내어 하는 기도, 마음으로 하는 기도, 그 외에도 다른 영적인 모든 행위와 방법을 의미한다. 신체를 단련하는 운동으로 산책, 걷기, 뛰기 등 여러 방법이 있는 것처럼 영혼의 구원을 위해서도 삶에서 하나님의 뜻을 찾고 발견하기 위해 준비하는 모든 방법을 영성수련이라고 한다. (Fleming, 1991, 4)

이는 웨슬리 신학자인 매독스가 영성수련을 "성결함을 이루기 위해 계속적으로 양육하는 수단(1994)"으로 이해한 것과 비슷한 표현이다. 웨슬리 자신은 'Spiritual Exercises(영성수련)'라는 단어를 자주 사용하지 않았지만, 그의 은총의 수단은 감리교인의 성결한 삶의 원천이며, 성화된 삶을 발전시키는 데 사용된 영성수련의 심장이다(Heitzerater, 1985, 19). 매독스는 웨슬리가 하나님께서는 이와 같은 성화의 에너지를 새롭게 하는 영성수련을 통해 일하신다고 보았으며, 영성수련의 중요성과 기여를 강조했음을 지적했다.(1994, 214)

웨슬리도 이냐시오와 같이 자신과 감리교 운동의 성장을 위해 영성수련을 만들었다. 한 예로, 그는 자신의 영성생활을 위해 여러 종류의 기도와 영성수련을 실천했으며, 이것을 사람들에게 가르쳤다(Harper, 1981, Heitzerater, 1985). 웨슬리는 형식을 갖춘 영성수련을 쓰지 않았으며, 예수회의 창시자 이냐시오가 사용했던 "영성수련(Spiritual Exercise)"이라는 단어도 거의 사용하지 않았다. 이는 그 당시 영국에 팽배했던, 반동종교개혁(Counter-Reformation)의 일환인 예수회에 대한 증오와 두려움의 영향 때문일 수도 있다고 생각한다. 헌틀리(Huntly)에 따르면 17세기에는 개신교와 가톨릭교회가 거의 비슷한 기도나 묵상 방법을 사용하였다고 한다. 그러다가 개신교가 점점 예수회가 사용하는 Spiritual Exercises(영성수련)를 반대하는 시각에서 묵상과 기도 방법을 가르쳤다(1981, 3). 그러나 웨슬리는 자신의 개인적 영성생활을 위해 영성수련을 발전시켰으며 그것을 공동체에 적용했다(Harper, 1981). 이것은 사람들이 하나님을 경험할 수 있게 도와주었다. 필자는 웨슬리가 사용하고 가르쳤던 영성수련 방법을 찾아내고, 그의 은혜의 수단과 영적 가르침을 토대로 현대인들에게 맞는 영성수련 방법을 만들었으며, 그것을 이 책 2부에서 소개하고자 한다.

웨슬리는 은총의 수단은 하나님께서 주신 것이며, 하나님께서는 그 안에서 우리를 만나고자 하신다고 믿었다. 그는 "은총의 수단은 하나님께서 인준하신 외적인 표시요, 말씀이며 행위다. 또한 하나님께서 선재적 은총, 의인화의 은총, 성화의 은총을 일반적인 통로인 은총의 수단을 통해 전달하시기 위해 제정하신 것이다(Wesley, 1986, V. 5, 187)"라고 설명했다. 웨슬리는 은혜의 수단을 통해 하나님의 현존을 경험하고 그에 응답한다고 믿으면서도, 다른 한편으로는 형식주의에 빠질 우려가 있음을 항상 경고했다(Knight III, 1992). 그는 은총의 수단을 규칙적으로 사용할 것을 다음과 같이 촉구했다.

> 수단 없이 목적을 달성할 수 있다고 생각하는 것을 조심하십시오. 하나님은 물론 수단 없이 결과를 주실 수도 있습니다. 그러나 그분이 그렇게 하실 것이라고 생각할 이유는 없습니다. 그러므로 하나님께서 은혜를 베푸시는 일반적 통로로 주신 은총의 수단을 부지런히, 그리고 조심스럽게 사용하십시오. 하나님의 은사를 받고 믿음을 증진시키기 위해 도움이 되는, 그리고 합리적으로 생각해서 도움이 된다고 생각하는 것이나 성서가 가르쳐 준 모든 은혜의 수단을 사용하십시오. 그렇게 함으로써 영적으로 성장하게 될 것을 기대하십시오. 과거에도 그렇게 했고, 앞으로도 항상 그렇게 되는 것이 진리일 것입니다. (Wesley, V. 5, 1986, 478)

필자는 Spiritual Exercises라는 말이 본래 이냐시오의 '영신수련'에 특별히 붙여진 이름이지만, 웨슬리의 은총의 수단을 통해 만든 '영성수련'도 마찬가지로 우리를 "자유하게 하며," "하나님의 사랑과 우리를 자유케 하시는 성령의 현존을 더욱 예민하게 인식하게 한다"고 믿는다(English, 1973, 30). 그래서 웨슬리의 영성 발달론에 따라 그의 설교, 저널, 일기, 에세이, 편지, 회의록 등을 연구하여 웨슬리의 은총의 수단을 중심으로 영성수련을 만들 수 있었다.

II. 웨슬리 영성수련의 배경

A 웨슬리의 생애 : 영성수련의 삶

웨슬리의 생애를 개관해 보는 것은 그의 영성과 영성수련을 이해하는 데 도움이 될 것이다. 웨슬리는 1703년에 사무엘과 수잔나 웨슬리의 19자녀 중 15번째로 태어나 1791년에 세상을 떠났다. 그는 영적 훈련의 좋은 토양이 되는 환경에서 태어나 성장했다(Harper, 1981). 목사인 아버지 사무엘과 어머니 수잔나는 그의 영적 발전에 직접적인 영향을 주었다. 런던 챠터하우스 학교에 다녔으며, 옥스퍼드대학교의 그리스도 처치 대학(Christ Church College)에서 수학했다. 졸업 후에 영국국교회의 신부가 되기 위해 1725년 안수를 받았다. 그 후 옥스퍼드 대학교의 링컨대학 교수가 되었으며 그 곳에서 학문적인 심화를 이루었다.

옥스퍼드에서 웨슬리는 동생인 찰스와 함께 젊은이들의 작은 그룹을 만들었다. 그 그룹의 목적은 함께 성서와 고전을 연구하는 것이었다. 웨슬리는 곧 그 그룹의 리더가 되었으며, 다른 활동도 함께 하게 되었다. 그들은 정기적으로 만나 함께 성서를 연구하고 예배도 드리며 일 주일에 두 번씩 금식했다. 감옥을 방문하고 가난한 자들과 병자들을 찾아갔다. 얼마 지나지 않아 사람들은 그들을 '성경벌레(Bible-Moths)' 혹은 '신성클럽' '규칙쟁이' 라고 불렀다. 이러한 영적 교제는 웨슬리의 영적 생활이 점진적으로 다른 사람들을 포함하며 확장되는 데에 결정적인 역할을 했다.

웨슬리는 그 곳에서 몇 년 동안 거룩한 삶을 위한 훈련과 집중적인 노력을 한 후에, 1735년 미국 조지아 주의 원주민들을 선교하기 위해 선교사가 되었다. 이는 주변의 친구들에게는 납득이 되지 않는 어리석은 결단으로 보였다. 그러나 웨슬리는 그것이 초대교회의 원리들을 자신의 삶에 적용할 수 있는 좋은 기회라고 생각했다. 선교사가 되고자 한 가장 중요한 동기는 자신의 영혼 구원에 있었으며 더 나아가 믿음의 순수성을 얻기 위함이었다. 조지아 주의 경험은 웨슬리에게 그러한 목적을 달성하기 위한 가장 좋은 기회를 제공했다.(Harper, 1981)

하지만 역설적이게도 그는 선교사로서 단 한 명의 원주민도 교화시키지 못했다. 대신 조지아 주 사바나(Savannah)로 이민 간 교포들을 대상으로 목회를 하게 되었다. 결국 선교에 실패하고 1738년에 영국으로 귀국할 수밖에 없었다. 이 때 웨슬리는 사랑하던 여성과도 헤어지는 등 많은 어려움을 겪었다. 콜만(Coleman, 1989)은 웨슬리의 엄격한 질서와 규칙이 새로운 세계에서 신앙적으로 다소 느슨해진 이민 개척자들에게 잘 맞지 않았기 때문에 결실이 없었다고 지적했다.

좌절을 곱씹으며 영국으로 귀국하는 그 때의 고뇌를 웨슬리는 일기에 다음과 같이 기록하였다. "나는 미국 원주민인 인디언을 전도하고 구원시키기 위해 미국에 갔다. 그러나 누가 나를 구원시킬 것인가?(Wesley, 1986, V. 1, 74)" 영국으로 귀국하는 배 안에서 그는 독일의 한 작은 모라비안(Moravian) 공동체를 만났다. 죽음을 눈앞에 둔 풍랑의 위협 속에서 웨슬리를 비롯한 모든 사람이 두려움에 떨고 있을 때, 이들은 아무런 동요 없이 찬송을 부르며 하나님을 경배하였다. 이 모습은 웨슬리에게 큰 충격이었다. 영국에 귀국한 후에 그는 또 한 사람의 모라비안을 만났다. 피터 뵐러(Peter Boehler)였다. 그 때 그는 "오직 믿음으로만 의롭게 된다(Justification by faith alone) (Rack, 1989)"는 위대한 종교개혁의 교리를 전해 주었다. 이렇게 모라비안의 영향을 받은 웨슬리는 마침내 올더스케잇(Aldersgate) 거리에 있는 모라비안들의 작은 기도 모임에 참석하게 되었다. 그리고 그 곳에서 오랫동안 찾아 방황하던 그 무엇을 찾게 되었다. 그 날이 그 유명한 웨슬리의 회심일인 1738년 5월 24일이다. 웨슬리는 그의 일기에 그 때의 경험을 기록했다. "나는 마음이 이상하게 뜨거워지는 것을 경험했다. 나는 그리스도 한 분만이 나의 구세주이심을 느꼈다. 그리스도께서 나의 죄를 속하시고 죽음과 죄의 법에서 구원하셨다는 확증을 경험했다(Wesley, 1986, V. 1, 103)." 이 경험은 그의 생을 불살랐으며, 전 영국에 불을 붙였다.

그 당시 영국은 극심한 가난과 도덕적인 부패에 시달리고 있었으므로 모든 사람에게 그 어떤 변화는 절실했다. 결국 많은 사람들이 웨슬리의 메시지를 듣고 회개하기 시작하였는데, 특히 가난한 사람들과 사회에서 버림 받은 자들, 그 당시 교회에 환멸을 느낀 사람들이 대부분이었다.

웨슬리는 그들 앞에서 설교를 했을 뿐만 아니라 더 많은 가르침을 원하는 사람들을 조직하여 속회를 만들고, 다시 그들을 순회전도자로 훈련시켰다. 감리교 초기 운동은 리더십과 훈련의 부족에도 위축됨 없이 큰 부흥을 이루었다.(Holsclaw, 1979)

웨슬리는 자신의 사명이 "국가를 개혁하고 성서적 성결을 이루는 것"이라고 기록하였다(Wesley, The Works of John Wesley(Jackson edition)Weakly, 1977, 4). 이 일을 위해 그는 말을 타고 25만 마일을 여행하였고, 이 기간에 4만 2천 번의 설교를 했는데, 이는 한 주에 평균 15번 이상 설교를 한 셈이다.(Coleman, 1989, 12)

왓슨(Watson)은 웨슬리의 감리교 운동이 그 당시 영국 사회에 미친 거대한 영향을 다음과 같이 설명한다: "복음주의적인 웨슬리의 감리교 운동은 18세기 말과 19세기 초에 유럽에 팽배했던 혁명이 영국에서 일어나지 않게 막아 주는 위대한 역할을 했다." 왓슨은 이 말을 할레비의 논문 "England in 1815, The British and Methodism in England, A History of the English People in the Nineteenth Century"에서 인용하면서 웨슬리의 영향과 업적을 설명했다.(Watson, 1985, 138)

B 웨슬리의 영성 발달론 : 구원의 단계

　웨슬리는 그의 영성 발달의 모델을 "구원의 단계(ordo salutis: the order of salvation)"라고 불렀는데, 이는 선재적 은총, 회개, 칭의, 거듭남, 성화, 완전, 영화를 말한다. 던냄(Dunnam)은 구원의 단계야말로 우리의 영적 순례를 경험적으로 설명하는 것이라고 믿으며, 이것을 "구원에 이르는 순례"라고 불렀다(1996). 콜린스(Collins)는 웨슬리의 구원론에 단계나 구조가 있다는 것을 부정하는 몇몇 학자들도 있지만, 감리교에서 가장 중요한 학자로 알려진 아우틀러(A. Outler), 윌리암스(C. Williams), 오든(T. Oden) 등은 웨슬리의 구원론에는 구조와 단계가 분명히 암시되어 있을 뿐만 아니라 영적 성장과 성숙의 과정도 역시 포함하고 있다고 지적했다(Oden, 1997. 185). 매독스(Maddox)는 이와 같은 분명한 구원의 구조는 "책임적 은총(Responsible Grace)"의 요소이며, 이것은 웨슬리의 구원의 교리에 대한 원리적 창문과도 같다고 했다.(1994)

　웨슬리의 구원의 단계는 하나의 영적 지도(Spiritual Map)다. 다시 말하면 영적으로 발달해 가는 과정을 설명하는 영성 발달론으로서, 이것은 하나님의 형상을 회복해 가는 점진적 과정을 자세하게 보여 준다. 구원의 단계는 구원의 과정에 대한 감리교 지도자들의 최상의 사고였다. 웨슬리는 목회적인 면에서도 구원의 단계를 제시하면서, 하나님의 은혜를 깨닫는 수준에 따라 그에 맞는 찬송가를 함께 소개했고, 감리교 신도회도 역시 영성 발달 수준에 따라 속회, 밴드, 특별신도회로 구분했다(Collins, 187). 그는 "구원의 성서적 방법(The Scripture Way of Salvation)"이라는 설교에서 구원의 과정뿐만 아니라 구원의 분명한 방법을 다음과 같이 설명했다.(Wesley, Outler(ed.), 1986, V. 3, 153)

　1)**선재적 은총** : 우리가 미처 깨닫기도 전에 하나님이 주도권을 가지고 우리를 구
　　원하기 위하여 먼저 찾아오시며 우리 삶에서 이미 일하시는 하나님의 은총을

의미한다. 이 은총은 모든 사람 안에서, 모든 사람을 위하여 역사하는 은총이
며, 일반 계시적 역사다.

2) **회개** : 죄를 깨달을 뿐 아니라 모든 죄에서 거룩한 것으로 마음을 바꾸는 것, 다시
말하면 자기 의를 신뢰하던 상태에서 그리스도를 전적으로 신뢰하는 상태로
변화하는 것을 의미한다.

3) **칭의(의인화)** : 그리스도의 십자가 은총이 아니고서는 타락한 죄인에게 의롭다 하
심이 일어날 수 없다. 십자가의 은총은 주관적, 인간적 노력에 의한 것이 아니
라 객관적, 수동적으로 다가오는 전적인 그리스도의 십자가의 은총으로, 의로
움이 전가되고 옷 입혀지는 단계다.

4) **거듭남** : 칭의가 우리 밖에서 그리스도의 십자가 사건으로 우리에게 다가오는 객
관적 은총이라면, 거듭남은 우리의 내면에서 경험되는 주관적, 실제적인 변화
다. 거듭남으로 우리 내면에 하나님의 형상이 시작된다.

5) **성화** : 성화란 의인화와 동시에 일어나는 거듭남을 계기로 새롭게 태어난 영혼이,
내주하시는 성령을 통하여 날마다 성장하고 성숙하는 은총이다. 성화는 의롭
다 함을 얻는 순간에 시작하며, 성령을 통하여 하나님의 사랑이 부어져 날마다
성장하여 완전한 사랑에 이르기까지 성숙하여, 결국은 기독자의 완전에까지
자라는 과정을 의미한다.

6) **완전** : 완전은 완전 성결의 상태를 의미한다. 완전은 죄의 뿌리까지 뽑히는 것을
뜻하며, 죄의 지배를 받지 아니할 뿐 아니라 온전한 하나님 형상이 회복되는 단
계다.

7) **영화** : 구원의 단계 중 마지막 단계인 영화는 예수의 부활의 몸과 같이 부활의 영
화된 몸을 입는 단계이며, 죽은 후에 하늘나라에서 받게 된다.

ⓒ 웨슬리의 영성 발달론과 현대 발달이론가들의 이론 비교

프로이드, 융, 에릭슨, 콜버그, 피아제, 매슬로 등을 포함하여 많은 심리학자들은 인간의 성적(psycho-sexual), 사회적(psycho-social), 도덕적, 인지적, 정서적 발달 모델을 제시했다. 불교나 힌두교와 같은 종교도 역시 인간의 발달 단계를 설명한다. 기독교 전통도 인간의 영적 발달과 성숙의 모델을 많은 영성가들(Gregory of Nyssa, Bonaventure, Teresa of Avila, St. Augustine 등)을 통해 소개하였으며, 동방정교회(Eastern Orthodox Church)는 분명한 발전적 모델을 제시했다(Chirban, J. T., Ken Wilber(ed.), 1986, 285-323). 한편 칼 라너(Karl Rahner)와 같은 몇몇 신학자들은 모든 사람을 규격화할 수 없다는 이유를 들어 영성 발달론을 반대하는 입장이다(Rahner, K. S. J., 1967, 3-23). 그러나 최근의 심리학자들은 인간이 자아(ego)의 영역을 넘어 심리적-영적(psycho-spiritual)으로 계속 성장하고 발전할 수 있다는 것과 그 소중함을 주장한다. 그 동안 종교의 전유물로만 생각했던 영성 발달론을 포함한 영적인 세계에 대한 논의가 과학(심리학)의 영역에서 활발하게 진행되어 오늘날 종교는 오히려 도전을 받게 되었다.

파울러는 인간이 모든 종교적 도그마와 상징을 넘어 하나님과 합일을 이루는 보편적 신앙(universal faith)에까지 성장할 수 있음을 보여 주었고, 트랜스퍼스널 심리학자(Transpersonal Psychologist)인 마이클 워시번(M. Washburn)은 인간의 심리적-영적 발전과 성장의 단계를 자아(Ego)가 역동적 근거(Dynamic Ground)와 재결합하는 것으로 설명하였으며, 켄 윌버(Ken Wilber)는 인간의 깊은 내면으로 돌아가서 실재(reality)의 미세(subtle), 원인(causal), 궁극(ultimate)의 깊은 영역으로 돌아가는 것으로 묘사했다. 발달의 형태를 어떻게 표현하든지 이들이 공통으로 주장하는 것은 인간의 영적 경험의 수준, 의식의 확장과 성장으로 자아(ego)의 성장을 촉진할 수 있다는 것이다. 이것을 기독교적 언어로 표현한다면, 거듭남과 성화의 단계를 거처 성화의 최고 경지인 기독자의 완전에까지 성숙할 수 있다는 것이다.

필자는 감리교의 창시자 존 웨슬리의 구원의 단계(the order of salvation)는 곧 영성 발달론임을 주장하며, 인간 발달이라는 맥락에서 웨슬리의 영성 발달론이 현대 발달이론과 어떻게 연관되어 있는지를 조명해 보려 한다. 즉 웨슬리의 영성 발달론인 구원의 질서와 세 명의 현대 발달이론가들의 발달론, 즉 제임스 파울러(James Fowler)의 신앙의 단계(faith development), 마이클 워시번(Michael Washburn)의 역동적 변증법적 패러다임(dynamic-dialectical paradigm), 켄 윌버 (Ken Wilber)의 영성 발달의 구조적 계층적 모델(structural-hierarchical model)과 비교하여 논할 것이다. 물론 이 외에도 많은 학자들(Assagioli, 1991; Grof, 1989; Rummet, 1997; Wade, 1995)이 자아(ego)를 넘어서는 인간의 발달 단계, 즉 심리적-영적 발달(psycho-spiritual development)을 연구했지만 그 중 특별히 이 세 학자를 선택한 이유는 이들이 모두 자아(ego) 혹은 개인적 자아(personal self)를 넘어 심리적-영적 발달을 논한 가장 잘 알려진 이론가들이기 때문이다.

웨슬리는 파울러, 윌버, 워시번과 마찬가지로 우리의 영성이 발전적임을 말하였다. 그의 영성과 신앙의 단계를 연구한 연구팀 학자들도 웨슬리의 신학은 영성의 발달 단계가 존재함을 시사한다고 해석했다(Meeks(ed.), M. D., 1985, 199). 다른 심리학자들이 인간의 넓은 심리적-영적 발달(Psycho-Spiritual Development)의 스펙트럼이라는 차원에서 영성 발달을 보는 반면, 웨슬리는 하나님과 자신의 관계를 기독교라는 테두리 안에서 기독교적 언어와 문화를 배경으로 설명하며 기독교적 렌즈를 통해 인간을 자유에로 이끄는 영적 순례를 영성 발달로 보았다. 그러므로 다른 이론가들의 영성 발달 단계를 웨슬리의 구원의 단계와 비교하는 데 다소 무리가 따를 수 있다. 다만 필자의 의도는 심리적-영적 발달론(Psycho-Spiritual Development)의 언어와 관점에서 웨슬리를 좀더 현대적 감각으로 이해하고자 한 것이다.

웨슬리의 구원의 단계(the order of salvation)는 인간의 심리적, 인격적, 영적 발달 과정에 대한 웨슬리의 이해다. 그러나 불행하게도 교회는 웨슬리의 영성 발달론을 자주 언급하지 않는다. 믹스(D. Meeks)가 편집하여 1985년에 출판한 「The Future of the Methodist Theological Traditions」는 1982년에 열린 제7차 옥스퍼드 학회(Oxford Institute of Methodist Theological Studies)의 결과물이다. 이 책에 파울러(Fowler)의 논문 "웨슬리의 신앙의 발달(John Wesley's Development in Faith)"과 이 논문에 대한 23명의 웨슬리 학자 연구팀이 쓴 그룹 평가 논문 "웨슬리의 영성과 신앙의 발달(Wesleyan Spirituality and Faith Development)"이 포함되어 있다. 이 연구팀도 웨슬리의 구원의 단계와 신앙의 단계, 그리고 현대 발달심리학의 이론과 웨슬리의 구원의 방법의 관계를 생각해 볼 것을 제안했다(Meeks(ed), M. D., 207). 그러므로 필자가 웨슬리의 영성 발달 모델이 현대 발달심리학자들의 이론과 어떤 관계가 있는지를 논하는 것은 의의가 있다고 생각한다.

1. 웨슬리와 제임스 파울러(James Fowler)

미 감리교회 목사이차 심리학자인 파울러는 1982년 제7차 옥스퍼드 학회(Oxford Institute of Methodist Theological Studies)에서 "'웨슬리의 신앙의 발달(John Wesley's Development in Faith)"이라는 논문을 발표하였다. 이 논문을 평가하기 위해 웨슬리 학자들로 구성된 연구팀이 만들어졌고, 그 결과물로 그룹 평가 논문인 "웨슬리의 영성과 신앙의 발달(Wesleyan Spirituality and Faith Development)"이 발표되었다. 이 논문에서 연구팀은 파울러가 사용한 '신앙'이라는 단어는 의미 있는 세상을 만들기 위한 인간의 능력으로 묘사되었으며, 기독교가 이해하는 하나님의 은사로서의 신앙과는 다르다고 지적하며 비판했다. 그 외에도 믿음을 말할 때 성령의 역사나 성경과 계시를 중요하게 생각하지 않은 파울러의 심리학적 접근에 반대했다(Meeks, M. D. 202). 하지만 필자가 생각하기에는 파울러가 신학적 교리를 말한 것이 아니라 우리가 경험하는 심리적-영적 발전 과정(the process of psycho-spiritual development)을 현상학적으로 설명하였음을 연구팀이 간과하고 있다. 파울러는 신앙에 대한 과학적 경험적 연구를 설명하였다. 이와 같은 비판에도 불구하고 파울러의 신앙의 단계 이론은 종교적 세계의 의미를 과학과 연결시킴으로써 목회의 여러 분야에 많은 영향을 주고 있음을 부인할 수 없다.(Dykstra, C. & Parks, S(eds), 1986)

파울러는 신앙의 발달을 여섯 단계로 설명한다.

1단계 : 직관적-투사적 신앙(intuitive-projective faith)

상상과 환상으로 가득 차 있고 타인을 모방하는 단계로서, 자기와 가장 깊은 관계성을 맺고 있는 어른들이 보여 주는 신앙의 본보기, 분위기, 행동, 이야기들에 강력하고도 영속적인 영향을 받는다. 이 단계에서 처음으로 자기를 알게 되고 자기 중심적(egocentric)이 된다.

2단계 : 신화적-문자적 신앙(mythic-literal faith)

자기 공동체에 속한 것을 상징하는 이야기들과 신조들, 관례들을 자신의 것으로 삼기 시작하는 단계다. 도덕적 규칙들과 태도와 마찬가지로 신조들을 문자적으로 받아들이며 비판 없이 자기의 것으로 삼는다. 이 단계는 초등학교 어린이들의 신앙적 단계이지만 청소년과 성인에서도 이 단계의 신앙적 구조를 많이 볼 수 있다.

3단계 : 비분석적-인습적 신앙(synthetic-conventional faith)

개인 상호간의 관계성에서 궁극적 환경을 형성한다. 즉 인간관계의 경험들을 확장시킴으로써 통일적 가치의 이미지를 찾게 된다. 이 단계는 더 복잡한 관계성, 가치, 정체성 형성의 단계이면서도 순응(conformist)의 단계라고 할 수 있다. 타인들의 기대와 판단에 예민하게 좌우되는 비분석적 인습적 신앙을 보이며, 독자적인 관점을 형성하여 그것을 따르기에는 아직 주체성과 자율적 판단이 성숙하지 않은 단계다.

4단계 : 주체적-반성적 신앙(individual-reflective faith)

자신의 신념, 가치를 비판적으로 반성하며, 자기와 다른 사람을 이해하기 위하여 사회적 시스템, 권위의 내면화, 분명한 이상과 삶의 스타일을 만든다. 이 단계에서는 제삼자, 증인, 관찰자의 입장을 활용하면서 더 이상 타인에 대한 역할이나 의미에 제한되지 않는 자기 주체성을 주장하게 된다. 그리고 자기 주체성(self)과 자기 견해(ideology)에 대해 비판적으로 반성한다.

5단계 : 접합적 신앙(conjunctive faith)

상징의 힘과 개념적 의미를 재결합하고, 자기의 과거를 새롭게 인식하고 재조명하며, 내면의 소리에 귀를 기울이기 시작한다. 역설과 명백한 모순 가운데 있는 진리를 인식하게 됨으로써 자기의 생각과 경험 내의 상반되는 것들을 통합시키려고 노력한다. 또한 자신과 다른 사람의 전통에서 나온 상징, 신화, 제의 등에 대해 이해하며, 이들을 진리를 표현한 수레바퀴로서 새롭게 맛보아 알며 이해할 수 있는 성숙한 단계다.

6단계 : 보편적 신앙(universalizing faith)

모든 존재를 포괄하는 궁극적 환경을 감지하는 신앙이다. 초월적 존재의 섭리와 의도에 정확히 순종하는 삶을 살고, 절대적 사랑과 정의의 성육신화를 추구하며, 신과 하나가 되기를 열망한다. 이들은 미래를 위한 약속을 실현시키기 위해 자기애가 아닌 초월적인 사랑을 열정적으로 쏟아 부으며, 하나님의 나라를 실현시키기 위하여 생애를 바칠 각오가 되어 있다. (Fowler, J., 1981, 119-211)

모든 사람이 마지막 단계까지 발달한다는 것은 아니다. 하지만 파울러의 신앙의 단계는 신앙이 발전해 가는 과정을 단계적으로 보여 준다. 파울러의 발달 단계는 피아제(Piaget)의 인지 발달론과 에릭슨(Erickson)의 인간의 생의 여덟 단계와 밀접하게 연관되어 있으며, 또한 콜버그(Kohlberg)의 도덕 발달론(moral development)과도 유사하다. 그래서 아이비(Ivy)와 슈미트(Schmidt) 같은 학자들은 파울러의 신앙 발달론을 자아 중심(ego-bound)의 패러다임으로 보았다. 그들은 파울러의 패러다임이 신앙과 영적 성장을 자아심리학(ego psychology)의 좁은 틀에 집어넣었다고 주장한다(Ivy, 1982, 36(4), 265-74; Schmidt, 56-69). 윌버도 역시 파울러의 신앙의 6단계는 자신이 제시하는 발전 단계 중 자아 단계와 자아를 넘어서는 단계 사이에 위치한 '켄타우루스(실존적, 비전적, 논리적)의 단계'를 넘어서지 않는다고 지적했다.(Wilber, 1997, 221)

파울러는 그의 마지막 단계인 보편적 신앙은 칼 로저스(Carl Rogers)나 매슬로(A. Maslow)가 사용했던, 자아 잠재력과 능력이 가장 발달된 경지인 자기실현(self-actualization)의 개념과 일치하지 않음을 다음과 같이 주장한다; "보편적 신앙의 단계에 있는 대부분의 사람들은 자기를 실현하고 사회에서 가장 잘 기능하는 사람들이기는 하지만 로저스나 매슬로가 의미하는 자기실현의 개념과는 다르다."(Fowler, 201-02)

그러나 사실 파울러의 "보편적 신앙(6단계)"과 매슬로의 "초월적 자기실현" 개념은 매우 유사하다. 매슬로는 자기를 실현한 사람을 두 종류로 구분한다. 절정경험(peak experience)과 고원경험(pleteu experience)[2]이 있는 초월적 경험을 통해 자기실현을 이룬 사람들(transcending self-actualizers)과 초월적 경험 없이 자기실현을 이룬 사람들(non-transcending self-actualizers)이다. 초월적 경험을 통해 자기를 실현한 사람들은 자신을 영적 도구, 혹은 이 세상에 일시적으로 머무는 청지기로 이해하며, 좀더 위대한 "지성, 기술, 리더십, 유능함의

---

2. 매슬로의 "절정경험"은 최고봉의 정서적 경험으로 대개 예술, 자연, 종교를 통해 경험한다. "고원경험"이란 오래 지속되는 절정감의 체험을 의미한다. 이런 경험 후에는 삶이 변화하고 좀더 의식적인 삶을 살게 된다.

도구, 재능"을 전달해 주는 사람으로 생각한다(Maslow, 1971, 282). 매슬로는 초월적 경험을 통해 자기를 실현한 사람들은 대부분 영적으로 예민한 사람들이라고 보았다. 라자루스(Lazarus)는 매슬로 이론의 타당성을 연구하였는데, 자기를 실현한 사람들, 특히 초월적으로 자기를 실현한 사람들에게 영적 경험의 영역이 포함된 성격적 특성이 있음을 지적하면서, 모하메드(Muhammad)는 초월적 경험을 통해 자기를 실현한 사람 중 한 사람이었음을 주장한다(Lazarus, I, 1985, 235-38). 매슬로가 말하는 "초월적 자기실현가"들은 파울러 모델의 6단계에 있는 사람들과 유사하다. 파울러는 "그들은 보편화된 신앙이 체현된 사람들이며 하나님의 섭리에 의한 헌신과 리더십에 이끌림을 받는" 이들이라고 표현했다.(Fowler, 202)

그럼에도 불구하고 파울러의 모델은 초자아적(trans-egoic) 단계보다는 자아적 단계(egoic, 워시번의 용어), 자아적 단계(personal phase, 윌버의 용어)에 초점을 두는 것처럼 보인다. 파울러는 '신앙'이라는 단어를 종교적인 영역을 설명하는 어휘로가 아니라 매우 넓은 의미로 사용한다. 오히려 파울러에게 '신앙'은 우리의 삶에 의미를 부여하고 우리의 마음을 쏟으며 충성할 수 있는, 우리의 신뢰를 만드는 생에 대한 오리엔테이션이다. 그래서 아이비(Ivy)와 슈미트(Schmidt)가 파울러의 패러다임을 자아 중심(ego-bound)이라고 비판했지만, 필자는 이들의 비판은 옳지 않다고 생각한다. 그 이유는 파울러도 역시 5단계의 접합적 신앙과 6단계의 보편적 신앙의 단계에서는 결국 인간은 초월적 존재의 섭리와 의도에 순종하는 삶을 살고, 절대적 사랑과 정의의 성육신화를 추구하며, 신과 하나가 되기를 열망한다고 설명하여 트랜스퍼스널(transpersonal)[3]한 영적 영역을 심도 있게 다루기 때문이다.

파울러는 그의 논문 "웨슬리의 신앙의 발달(John Wesley's Development in

---

3. '트랜스퍼스널'은 심리학에서는 자아(ego)를 넘어선 모든 의식의 세계를 의미하며 주로 영적 의식에 초점을 두는 영성심리학(spiritual psychology)의 영역을 포함한다.

Faith)"에서 웨슬리의 생애를 6단계의 신앙 발달 단계로 설명하였으나 웨슬리의 구원의 단계를 논의하지는 않았다. 필자가 처음으로 이 시도를 하려고 한다. 웨슬리의 구원의 단계를 파울러의 신앙 발달 이론과 비교하여 설명할 것이다. 웨슬리의 선재적 은총은 다른 모든 신앙 단계에서도 항상 나타나지만,[4] 이는 파울러의 직관적-투사적 신앙(1단계)에서 비분석적-인습적 신앙(3단계)에 이르는 과정과 비슷하다. 파울러의 이 세 단계는 타인을 모방하고 주어진 환경과 공동체에 아무런 비판이나 의식 없이 순응하는 단계다. 이런 상태는 웨슬리의 선재적 은총의 단계와 비교할 수 있는데, 즉 자신이 미처 깨닫기도 전에 모든 인간에게 주어진 하나님의 이 보편적인 은총을 의식하게 되면 다음 단계로 발전하게 되지만 그렇지 않을 경우 그 상태에 오랫동안 머무를 수 있다. 자의식이 없이 주어진 환경이라는 점에서 비슷하다. 웨슬리는 파울러가 자의식을 가지는 단계로 제시한 네 번째 단계인 개별적-반성적 신앙으로 가는 과정을 네 단계(회개의 은총, 의인화의 은총, 거듭남의 은총, 성화의 은총)에 걸쳐 좀더 자세하게 설명했다. 또한 자아적 단계(personal phase, 파울러의 2단계와 4단계)에서 트랜스퍼스널 단계(transpersonal phase, 파울러의 5단계와 6단계)로 가는 과정을 선재적 은총, 회개의 은총, 의인화의 은총, 거듭남의 은총과 성화의 은총으로 자세하게 구분하여 설명했다. 그는 한꺼번에 즉시 여러 단계를 거칠 수 있는 가능성도 역시 언급하였다(Meeks, 195.). 한편 웨슬리가 비록 자세히 설명하지는 않았지만 마지막 단계로 분명히 언급한 영화의 단계(하나님의 은혜로 완전을 넘어 영화에까지 이르는 단계)는 파울러의 신앙 발달 단계에서는 찾아볼 수 없다.

2. 웨슬리와 켄 윌버(Ken Wilber)

켄 윌버는 가장 영향력 있는 심리적-영적 발달이론가라고 할 수 있다. 윌버

---

4. 콜린스(Collins)는 *The Scripture Way of Salvation*에서 선재적 은총은 구원의 모든 단계에 항상 나타나는 은총으로 설명한다.

는 심리적-영적 성장을 이야기하면서 낮은 단계는 파울러와 같이 프로이드와 피아제의 발달 단계와 유사하게 설명하고, 높은 단계는 힌두교의 가장 높은 영적 단계를 포함시켰다. 윌버의 발달 모델은 발달심리학과 연결되어 있으며, 그것은 자아를 넘어 영적 성장에까지 연장된다. 그는 인간이 크게 세 단계의 성장을 통해 발전한다고 본다. 즉 전자아적 성장(pre-personal, subconscious), 자아적 성장(personal, self-conscious), 초자아적(transpersonal, superconscious) 성장이다. 첫째, 전자아적 단계는 신생아에서 시작하여 성격이 발달되기 전 단계를 의미한다. 신생아에서부터 사춘기까지의 과제는 성격을 형성하는 것이라고 볼 수 있다. 둘째, 자아적 단계의 과제는 전 단계에서 형성한 성격을 인간관계와 삶의 현장에서 사용하는 것이다. 셋째, 초자아적 단계는 대개 성인의 삶에서 시작하며, 외부적인 세계를 넘어 자기(self)와 영적 실재(spiritual reality)의 내면적 세계를 탐구한다. 궁극적인 목적은 만물의 근원이신 하나님과의 합일을 이루는 것이며, 윌버는 이것을 우주적 의식(the consciousness of the universe)이라고 했다. 그는 인간이 이러한 단계를 향하여 성장하는 것은 자아의 자연스러운 움직임이며, 인간의 발전 과정이 두 양상, 즉 외향하는 호(outward arc)와 내향하는 호(inward arc)로 나타난다고 보았다. 생의 주기의 외향하는 호란 잠재의식(subconsciousness)에서 자기의식(self-consciousness)으로 발전하는 움직임을 말하며, 이 과정은 신생아의 미분화된 의식에서 시작한다. 신생아와 환경의 분화(differentiation)는 점진적으로 진행하며, 결국은 몸과 자아의 분리에 이르게 된다. 어린이가 성숙해 감에 따라 성숙한 자기 개념이 발달한다. 이 과정에서 최상의 발달 단계는 자아, 몸, 그림자, 성격의 통합에 이르는 것이다. 이런 움직임을 통해 자아(ego)가 성숙해 간다. 그런 후에 생의 주기에서 내향하는 호, 즉 자아에서 영적 의식 혹은 초의식(superconsciousness)으로 내면의 의식이 발전하기 시작한다. 이 과정에서 의식은 몸과 마음(body-mind)을 넘어 영적 단계로 연결된다. 이 단계는 정신적, 영적, 원형(archetype)의 영역, 그리고 하나님을 직접 경험하는 영역을 모두 포함한다. 마지막 단계는 절대자와의 절대적 일치를 이루는 영역이다. 윌버는 발달 단계를 다음과 같이 설명한다.

전자아적 단계(prepersonal phases)

1) 플레로마(pleroma / 태아) : 플레로마는 연금술의 용어로서 각종 물질이 혼합되어 있는 혼돈 상태를 의미한다. 태아의 혼돈 상태, 즉 자기와 외계의 구별이 없는 단계다.

2) 유로보스(uroboros, 감각적 지각인지, 정서적 / 신생아-6개월) : 미분화 상태, 젖을 빠는 것을 통해서만 사물과 대상을 느끼며 극히 희미한 자타(自他)의 구별이 있는 단계다.

3) 타이폰(typhon / 6-12개월) : 육체적인 감각을 통해서만 자타를 구분하는 신체적 자아(body-ego)의 단계. 피아제의 감각운동(sensorimotor)의 시기다.

자아적 단계(personal phases)

4) 멤버십 자아(representational mind / 15개월-2세) : 피아제의 전조작적 사고의 시기와 유사하다. 언어의 틀을 통해 집단의 일원으로 현실을 배우는 단계다.

5) 정신적 자아(mental-ego, 규칙·역할 이해 / 6-8세) : 피아제의 구체적 조작적 사고의 시기와 유사하다. 이 시기의 어린이는 다른 사람의 역할을 맡아서 하거나 규칙을 지킬 수 있다.

6) 성숙된 자아(mature ego, 형식적-반성적 시기 / 11-15세) : 피아제의 형식적 조작적 의식의 상태와 유사하다. 구체적인 것을 논리적으로 궁리해 봄으로써 문제 해결에 이르게 되는 단계다.

7) 켄타우루스(centaurs, 실존적, 비전적, 논리적 시기 / 21세 이상) : 켄타우루스는 하반신이 말이고 상반신이 사람인 그리스 신화에 나오는 괴물이다. 이 단계에서 동물이 표현해 주듯이 신체, 페르소나, 그림자, 자의식이 생겨서 자아를 더 높은 질서로 통합할 수 있는 실존적, 비전적 논리가 활발한 단계다.

트랜스퍼스널 단계(transpersonal phases)

전통적 심리학에 속한 모든 것을 "거친 영역(gross realm)"으로 보며, 그것을 넘어선 영적 영역을 미세, 원인, 궁극의 영역으로 구분한다.

8) 미세 영역(subtle / 28세 이상) : 미세 영역의 인지 스타일은 투시적(clairvoyant) 지각과 인지, 특별한 에고(extra-ego)와 특별한 감각(extra-sensory)이고, 정서적 요소로는 영적으로 예민한 초감각(supersensory)을 가지며, 많은 영적 현상을 경험한다. 미세 영역에서의 신은 영적 지혜의 인물, 즉 예수, 마리아, 부다 등의 내적 비전(inner vision)으로 이미지와 상징(symbol)으로 나타난다.

9) 원인 영역(causal / 35세 이상) : 원인 영역은 성장의 최고 목표인 신과의 합일에 도달한 상태를 의미하며, 이 단계에서 신은 빛나는 빛 혹은 형태가 없는 본질(essence)로 경험되며 야웨, 브라만 등이 된다. 인지(cognitive self) 면에서는 경계가 없는 의식(boundless consciousness)이 나타나며, 정서 면에서는 온전한 무아경의 황홀과 사랑의 일치를 경험한다.

10) 궁극(ultimate) : 궁극은 신 그 자체를 의미한다. (Wilber, 1996, 7-78)

콘휠드(Kornfield)와 몇몇 학자들(Kelly, 1998; Kremer, 1998; Washburn, 1995; Wright, 1998)은 윌버의 발달 모델이 인간 발달의 나선형적인 독특성, 즉 계속 발전하다가 침체되어 다시 제자리로 여러 번 되돌아가는 발달 패턴을 설명하지 않는다고 비판한다(Kornfield & Rothberg, 1998, 158). 필자는 이 비판에 동의한다. 사람은 계속해서 발전하면서도 계속해서 동일한 심리적 영적 문제로 되돌아와서 고투한다고 생각한다.(Ruumet, 1997, 6-24)

웨슬리도 역시 의인화의 은총 이후 성화의 은총을 모두 잃어버릴 수 있는 타락(relapse)의 가능성을 믿었다. 그래서 하나님의 은총을 당연한 것으로 생각하지 않고 그리스도와 긴밀한 관계를 늘 유지하며 지속적이고도 점진적인 성화를 이루어야 함을 강조했다(Collins, 99). 그래서 그는 무엇을 '이루어 낸다' 혹은 무엇에 '도달한다'는 개념을 전혀 사용하지 않았다. 오히려 그리스도의 모습을 다시 회복하도록 우리 안에서 활동하시는 성령을 의미하는 '하나님의 은혜' 라는 말을 사용했다(Maddox, 86). 그러나 그리스도 안에 거하고 성령이 늘 내주하면, 전보다 성장하여 완전성화를 향해 성숙해 간다고 보았다. 이를 위해 웨슬리는 영적 순례를 함께 하는 속회, 밴드 등과 같은 계약그룹을 만들어 영적 책임의식(accountability)을 가져야 한다고 강조했다.[5] 이것은 역시 하이어라키 모델이라기보다 나선형적인 영적 발달의 요소를 암시한 것이라고 생각한다.

필자는 윌버의 모델이 모든 사람에게 해당된다고 생각하지 않는다. 역시 이 모델도 제한성이 있다. 남성 중심적, 서구 유럽의 문화와 하이어라키의 정신에서 나온 산물이기 때문이다. 크레머(Kremer)는 윌버의 모델을 "발전적 접근 혹은 성취적" 모델이라고 보고 토착 문화적 관점에서 볼 때 자아 부풀림(ego-inflation)이며, 어느 특정한 인종 중심적, 편견적 모델이라고 비판했다(Kremer, 1998, 258). 라이트(Wright)는 윌버의 모델은 하이어라키적이며, 성취와 독립, 자율성에 초점을 둔 남성적 모델이라고 비판했다. 또한 인간의 관계성과 연결성에 근거한 여성의 근본적인 심리학적 발전을 무시한 것이라고 지적했다.(Wright, 1998, 212-15)

윌버의 하이어라키 모델의 한계는 인간은 그의 이론보다 더 복잡하며 예외적 존재라는 데 있다. 전자아적 단계에 있는 어린이들에게도 영적 경험이 있을 수 있음을 그 한 예로 들 수 있겠다. 최근에는 그의 발전적 형태를 내적 외적 차원인 개인과 사회적 시스템의 진화적 발전 모델로 제시한다.(Wilber, 1996, 137-240)

웨슬리의 이론은 윌버보다 200년 앞선 것이다. 웨슬리는, 윌버가 자의식을 갖게 되는 단계로 본 7단계(켄타우루스: 실존적, 비전적, 논리적)와 영적인 세계

---

5. D. Watson, *The Early Methodist Class Meeting*, (Nashville, TN: Discipleship Resources, 1985)을 보라.

웨슬리 영성수련 프로그램

를 경험하는 8단계(미세)를 네 단계(회개, 의인화, 거듭남, 성화)에 걸쳐 설명했다. 대부분의 사람들이 윌버의 7단계와 8단계에서 가장 많이 침체되는 것으로 나타났다.[6] 그런 의미에서 웨슬리가 이 단계의 과정을 보다 자세하게 설명한 것은 중요한 공헌이라고 생각한다. 윌버의 모델 중 9단계(원인)와 10단계(궁극)에 이르는 사람은 거의 없다. 이 단계는 웨슬리의 '완전성화'와 '영화'의 단계다. 파울러도 그의 모델 6단계(보편적 신앙)에서 이와 유사하게 '신과 합일된 사람'을 부분적으로 설명하였다. 그러나 원인 영역, 궁극 영역과 같은 더 높은 단계에서는 인간이 자아를 넘어 인간 경험의 다른 가능성과 인간의 전 의식(the entire territory of the development consciousness)을 발전시킬 수 있다는 가능성을 보여주기 위해 이 영역에 대한 연구와 좀더 명확한 안내가 필요하다고 생각한다.

3. 웨슬리와 마이클 워시번(Michael Washburn)

마이클 워시번은 그의 책 「자아와 역동적 근저 The Ego and the Dynamic Ground(1988)」을 통해 인간이 성숙된 자아(ego)의 한계를 넘어 발전할 수 있음을 보여 준 또 다른 발달이론가다. 그에 따르면 자아는 영적 특성을 포함해 역동적 가능성의 자연적 수원지인 본래적 창조적 에너지를 품고 있다. 자아가 발달함에 따라 이 역동적 근저(The dynamic ground)는 구조, 형태, 직선과 같은 발전 과정이 문화적 대다수의 이론과 실재에 맞추어지면서 계속 억압된다. 그러나 자아가 성숙해짐에 따라 점점 방어가 적어지고, 그 때 역동적 근저는 개인의 삶에 다시 나타나기 시작하며 에너지와 창조성이 역동적 단계와의 관계성으로 오게 된다. 그러므로 워시번의 발달 이론은 역동적 변증법적 패러다임(dynamic-dialectic paradigm)이라고 이해할 수 있으며, 기본적 세 단계를 표현한 '나선형 루프'로 알려져 있다.

---

6. James Fowler, *Stages of Faith*; M. Washbuhn, *The Ego and the Dynamic Ground*; K. Wilber, *The Atman Project*를 보라.

워시번의 발달 세 단계란 전자아적(pre-egoic) 단계, 자아적 단계, 초자아적 단계다. 그는 자신의 나선형적 이론과 윌버의 구조적 하이어라키적 이론은 많은 차이가 있음을 주장한다. 워시번은 역동적 근거에서 자아가 생기는데, 거기에서 자아가 소외를 당하고 초월을 경험하게 될 때 자아가 다시 본래적인 그곳, 즉 역동적 근거로 돌아가며 궁극적으로 자아가 그것과 함께 통합되는 원초적 역동성, 창조적, 자발적 근원이 있음을 말한다. 정신(psyche)의 역동적 변증법적 개념은 정신적 양극단, 즉 자아와 역동적 근거의 상호작용의 결과로서 위에서 언급한 대로 세 단계를 거쳐 발전한다. 워시번의 역동적 변증법적 패러다임 발전 모델은 다음과 같다.

전자아적 단계(pre-egoic)

1) 원초적 위상(original embodiment)의 단계 : 신생아의 자아(ego)는 역동적 근거에서 거의 분리되지 않고, 자아의 씨앗(ego germ)이 그 안에 아직 묻혀 있으며, 전 오이디푸스 기간(pre-oedipal period)에 자주 되돌아오는 행복의 상태다.

2) 신체적 자아(body-ego)의 단계 : 자아는 점차 역동적 근거에서 분리되지만 여전히 역동적 근거인 비아(non-egoic)의 잠재력 가능성 아래 있다. 자아의 극은 신체적 자아(body-ego)다.

자아적 단계(egoic)

3) 원초적 억압(primal repression) : 자아는 마침내 비아적 극에서 그 자신을 억압적으로 분리시킴으로 비아적 가능성에서 독립하게 된다.

4) 정신적 자아의 단계(mental-egoic) : 자아는 기능상 비아적 극(non-egoic pole)에서 상대적으로 독립하여 발전한다. 비아적 극은 비자기(not-self) 혹은 원욕(id)이며 자아적 극(egoic pole)은 정신적 자아(mental ego)다.

초자아적 단계(trans-egoic)

5) 초월적 퇴행(regression in the service of transcendence) : 원초적 억압이 무너지기 시작하고, 자아는 역행적으로 다시 역동적 근거에 의해 요구된다. 자아는 의식의 중심적 힘에서 자리를 빼앗기고 깨우는 비아적 가능성의 도전을 받는다. 자아는 근본으로 돌아가는 퇴행을 경험하게 되므로 이 상태를 초월적 퇴행이라고 부른다.

6) 영적으로 태어남(regeneration in Spirit) : 역동적 근거에 굴복한 자아는 비아적 극에 압도되었다기보다는 오히려 힘을 얻기 시작한다. 이 때 자아는 역동적 근거에 의해 영적으로 새로 태어난다.

7) 통합(integration): 정신(the psyche)의 양극(자아와 비자아)은 조화롭게 연합되며 그들의 가능성과 기능은 효과적으로 통합된다. 두 극이 조화된 양극 시스템으로 기능을 시작한다. 영으로서 역동적 근거의 힘은 정신의 지고의 힘이다.
(Washbuhn, 1995, 47-248)

워시번은 인격의 발전이 지배적인 역동적 근저(The Dynamic Ground, 하나님을 상징)와 약한 자아 사이에 변증법적 갈등이 생길 때 시작된다고 본다. 4단계(정신적 자아의 단계)에서 정신적 자아는 실존적 소외감의 고뇌, 죄책감, 절망을 경험한다. 워시번은 이것이 필수적인 것이지만, 역동적 근저 안에서 진정한 자아의 기반을 향한 정신적 자아의 퇴행을 통하여 자아의 성장을 위한 단계를 구성하는, 지나가는 단계로 본다. 이러한 관점은 고뇌를 인간 존재의 본질로 보는 실존주의와는 다르다. 워시번은 자아가 정신적 자아를 창조하기 위하여 역동적 근저로부터의 퇴행을 통해 그 자체를 분리함으로써 이러한 과정으로 가는 것이라고 이해한다. 초월적 퇴행기간에 자아의 초월이 가능해질 수 있는 지점에 이르게 되면 역동적 근저의 지배로부터 자유하지만, 정신적 자아는 자율성을 포기하고 역동적 근저 안에 있는 자신의 뿌리를 회복하기 위한 퇴행으로 들어간다. 여기서 오히려 경이, 환희, 축복, 감사의 경험을 하며 본능, 몸, 그리고 외적 세계를 통합으로 이끈다.

워시번은 자신의 모델은 윌버와 다른 독특한 모델임을 주장하면서, 윌버의 모델은 전자아적 단계와 초자아적 단계가 현상학적으로 발달적 측면에서 다르다는 암시적 전제가 있으며, 이 두 단계(states)는 두 개의 서로 다른 비자아의 한 쌍의 표현이라고 주장한다. 워시번은 자신이 주장하는 초월적 퇴행은 비자아적 가능성으로 되돌아가는 것이며, 이 때 자아의 기능은 잃어버리게 된다고 설명한다. 결국은 다시 가동된 비자아적 가능성과 통합되므로 여기서의 자아의 퇴행을 병리적이 아니라 오히려 초월형 퇴행이라고 말할 수 있는 것이다.(Washbuhn, 375-76)

매독스는 웨슬리의 구원의 단계를 하나님의 회복하시는 은혜라고 말한다. 그러므로 우리가 왔던 그 곳으로 돌아가는 것이 구원이라고 설명한다(Maddox, R, 158). 윌버의 '사다리식 올라가기' 혹은 '똑바로 상승하는 형' 모델보다 워시번의 '나선형적 통합' 혹은 '본래의 곳으로 유턴(U-turn)' 하는 모델이 웨슬리의 모델과 비슷하다.

워시번의 발달 모델 중 4단계에서 6단계에 이르는 과정은 웨슬리의 회개에서 거듭남의 과정과 비슷하다. 웨슬리의 이 단계는 확신과 자기 인식(self-knowledge), 영적 가난함, 그리고 자기의 의로움과 자기 정당화를 거부하는 단계다(Collins, 56). 이것은 워시번의 초월적 퇴행의 과정과 유사하다. 이 때 정신적 자아는 자율성을 포기하고 역동적 근저(the dynamic ground)에 있는 그 뿌리를 회복하기 위하여 퇴행으로 자아의 문을 연다.

워시번이 말하는 인간의 본성은 기독교적 인간 본성과 같이 제한되어 있다. 즉 인간의 초월은 자아가 자율성을 포기함으로써 역동적 근저(the dynamic ground)의 신적 영(the Divine Spirit)에 의해 조명되고 부어져 높은 경지에 도달함을 의미한다. 반면 윌버의 이론은 동양 종교적 인간 이해로, 발전적이며 모든 것을 '연장된 자아' 로 본다. 이렇게 워시번의 개념은 서양의 영적 전통인 기독교와 조화를 이루며, 윌버는 동양의 불교와 힌두교의 영적 전통과 비슷하다.

이상에서 논의한 바와 같이 웨슬리, 파울러, 윌버, 워시번은 우리가 경험하는 심리적-영성(psycho-spiritual) 발달에 대해 각자의 이론을 전개하였다. 이들이 강조하는 영역과 용어가 각각 다르지만 인간이 자아를 넘어 트랜스퍼스널한 영역, 즉 신적 형상에 이르기까지 발달한다고 한 점에서는 유사하다. 웨슬리의 선재적 은총의 단계(이 은총은 모든 단계에서 항상 나타나기는 하지만)는, 윌버의 전자아적 단계와 자아적 단계, 파울러의 직관적-투사적 단계에서 비분석적-인습적 신앙의 단계, 워시번의 전자아적 단계와 자아적 단계를 포함한다. 웨슬리의 구원의 단계는 다른 이론가들에 비해 전자아의 단계와 자아의 단계에 대한 언급이 많지 않다. 오히려 자아적 단계를 넘어 초자아적 단계로 넘어가는 과정을 강조하여 더 자세하게 설명한다.

웨슬리는, 자의식을 갖게 되는 윌버의 켄타우루스(실존적, 비전적, 논리적) 단계와 영적인 세계를 경험하는 미세의 단계, 워시번의 초월형 퇴행과 영적 탄생의 단계, 파울러의 주체적-반성적 신앙과 접합적 신앙의 단계를, 회개, 의인화, 거듭남, 성화의 네 단계에 걸쳐 자세히 설명했다.

이것이 종교와 심리학의 차이라고 생각한다. 그 동안 심리학은 자아(ego)의 성장에만 초점을 두었고, 종교는 자아를 넘어선 초자아(trance-ego)의 영역에 초점을 두었기에 종교와 심리학(과학) 사이에 대화가 없었던 것이다. 최근에 윌버나 워시번, 파울러를 비롯한 많은 심리학자들이 인간이 자아를 넘어 성장할 수 있음을 말하고, 종교와 심리학의 통합(integration)을 주장하는 트랜스퍼스널 심리학(Transpersonal Psychology)이 출현하게 됨으로써 심리학은 종교의 영성을 포함하지 않고는 인간을 올바르게 이해할 수 없으며 성숙한 인간으로 성장하게 안내할 수 없다는 이해를 하기에 이르렀다.

웨슬리, 파울러, 윌버, 워시번은 모두 인간의 가장 성숙한 상태를 신과의 합일된 삶이라고 보는 점에서 유사하다. 이를 웨슬리는 완전의 단계, 파울러는 보편적 신앙, 윌버는 원인 영역, 워시번은 통합의 단계로 설명했다. 한편 웨슬리의 영화의 단계를 워시번은 통합의 단계로, 윌버는 궁극의 단계로 언급했지만 파울러는 이 단계를 설명하지 않았다.[7]

웨슬리, 파울러, 워시번은 인생의 긴 발전 과정에서 다시 타락(퇴행)할 수 있는 가능성에 대한 문제를 언급한다. 윌버를 포함하여 이들은 또한 한 단계에서 다음 단계로 넘어가는 것은 그 단계를 마친 후에야 가능하다고 말하며, 어떤 경우에도 단계를 건너뛰지 않는 것으로 이해하였다. 즉 인간이 전자아적 단계에서 자아적 단계를 거쳐 초자아적 단계로 점진적 과정을 통해 발전함을 시사한다.(Wesley, Outler(ed.), 1985, 155-69; Fowler, 119-211; Washbuhn, 1995, 47-248; K. Wilber, 1980, 7-78)

기독교는 전통적으로 영적인 발달을 세 단계, 즉 정화(purification), 조명(illumination), 하나님과 일치된 삶(unitive life)으로 제한하여 소개하였다.[8] 그 외에 동방교회를 비롯한 영성가들의 영성 발달 모델이 있지만 잘 소개되지 않았다. 그러나 이상에서 본 바와 같이 웨슬리는 그의 구원의 단계를 통해 기독교 공동체에게 더 상세한 영성 발달 단계를 설명하였다.

최근 들어 영성가인 토마스 키딩(Thomas Keating)도 역시 기독교의 영적 순례로서의 의식의 단계와 하나님과 관계를 맺는 인간의 발달 단계의 관계성을 설명하기 위하여, 기독교의 영성 발달을 윌버와 워시번의 모델과 연결시켜 현대적 감각에 맞게 제시한다. 키딩은 이것이 치유와 변형(transformation)의 과정에서 하나님의 은총이 투쟁해야 하는 심리적 역동에 대한 좀더 포괄적인 이해라고 설명한다.(Keating, 1997, 2)

이상에서 논의한 바와 같이 웨슬리의 모델은 파울러, 윌버, 워시번과 같은

---

7. 다음 도표를 참고하라.

8. A. Tanquerey, *The Spiritual Life: A Treatise on Ascetical and Mystical Theology*,(Tournai, Belgium: Desclee and Co., 1930); E. Underhill, *Mysticism*,(NY: The Penguin Group, 1974); W. Meninger, *The Loving Search for God*,(NY: The Continuum Publishing Company, 1994)을 보라.

웨슬리 영성수련 프로그램

현대 심리적-영성 발달이론가들의 발전 이론과 연관되어 있다. 필자는 웨슬리의 '구원의 단계'는 기독교적 언어와 렌즈와 구조를 통해 본 또 하나의 훌륭한 인간 심리적-영성 발달론이라고 생각한다.

다음은 네 모델의 관계성을 알기 쉽게 표시한 영성 발달의 도표다. 이들이 서로 꼭 맞게 대응하는 것은 아니지만 관련된 발전 과정을 한눈에 비교해 볼 수 있다는 점에서 도움이 되리라 생각한다.

★ 영성 발달론

* 이 표는 다만 서로의 유사점을 이해하는 데 도움을 주기 위한 것임

웨슬리(Wesley)	파울러(Fowler)	워시번(Washburn)	윌버(Willber)
선재적 은총	직관적-투사적 신앙	**전자아적 단계** (Pre-Egoic Stage) · 원초적 위상 · 신체적 자아의 단계	**전자아적 단계** (Prepersonal Phase) · 플레로마(신체적) · 유로보스(감각, 지각) · 타이폰
	신화적-문자적 신앙 비분석적-인습적 신앙	**자아적 단계** (Egoic Stage) · 원초적 억압	**자아적 단계** (Personal Phase) · 멤버쉽 자아 · 정신적 자아 (규칙-역할 이해) · 성숙된 자아 (형식적-반사적 이해)
회개 / 칭의	주체적-반성적 신앙	**정신적 자아의 단계** (Mental Egoic Stage) · 초월적 퇴행	· 켄타우루스 (실존적, 비전적, 논리적)
거듭남	주체적-반성적 신앙	**초월적 자아의 단계** (Trans-Egoic Stage) · 영적 탄생	**영적 단계** (Transpersonal Phase) · 미세(Subtle)
성화	접합적 신앙		
완전	보편적 신앙	· 통합	· 원인(Causal)
영화			· 궁극(Ultimate)

웨슬리 영성수련 프로그램

III. 웨슬리 영성수련과 이냐시오 영신수련 비교

각 교파의 전통에 따라 많은 영성훈련 교재들이 있다. 그 중에서도 이냐시오(Ignatius of Loyola)의 "영성수련(Spiritual Exercises, 가톨릭에서는 주로 '영신수련'으로 번역함)"은 기독교 역사에서 가장 중요하고 영향력 있는 영성수련으로 평가한다. 이냐시오의 영성수련은 그의 가장 영향력 있는 작업이자, 그의 영성의 주제들과 영성수련의 방법을 이해하는 데 가장 중요한 연구 결과다. 필자는 그의 영적 가르침이 가톨릭교회와 세계에 중요한 공헌을 해 왔다고 믿는다. 하든(Hardon, 1991)은 과거 450년 동안 수백만의 사람들이 이냐시오의 영성수련으로 수련했음을 피력했다. 영성수련의 대명사가 된 이냐시오의 영성과 웨슬리의 영성을 비교하여 웨슬리의 영성수련을 보다 잘 이해하고 명료화하고자 한다.

A 웨슬리 영성수련의 기초

"웨슬리의 영성과 신앙의 발달(Wesleyan Spirituality and Faith Development)"이라는 논문을 발표한 웨슬리 연구 그룹은 1982년 옥스퍼드 메도디스트 신학연구회(Oxford Institute of Theological Studies)에서 새로운 것을 소개했다. 그리고 「메도디스트 신학 전통의 미래(Meeks, 1985)」라는 책에 그들의 연구 보고서를 실었다. 그들은 웨슬리의 영성을 다음과 같이 여덟 가지로 정리하고, 이 특징들을 영성수련의 기초 요소로 보았다.

- 첫째, 웨슬리 영성의 목적은 하나님, 그리고 사람과의 올바른 관계 형성에 있다.

- 둘째, 웨슬리의 영성은 신비적, 예언자적 경건의 종합이다. 하나님과의 일치를 열망하면서 동시에 사회적 책임, 사회적 기쁨, 그리고 남성과 여성의 변화 및 사회 변혁에 대한 강력한 의식을 강조했다.
- 셋째, 웨슬리의 영성은 가난한 사람들에 대한 특별한 책임성을 강조했다.
- 넷째, 웨슬리의 영성은 하나님의 은총에 대한 인간 응답의 필요성, 인간의 하나님과의 파트너십과 책임성, 그리고 개인적, 사회적인 변형에로의 부르심을 강조했다.
- 다섯째, 웨슬리의 영성은 은총의 수단을 영성수련을 위해 지속적으로 사용할 것을 요구했다. 그는 이를 기도, 성서 탐구(독서, 듣기, 묵상), 주의 만찬, 크리스천들의 교제(밴드, 속회, 신도회)로 구분했다.
- 여섯째, 웨슬리의 영성은 은총 안에서 완전사랑을 향한 성장에 대한 비전이 있다. 이러한 성장의 단계는 다시 타락할 가능성과 또한 한 번에 한 단계 이상 건너뛰어 발전할 수 있는 가능성이 있음을 보여 준다. 웨슬리는 하나님은 우리의 성장을 기대하시고, 우리 자신의 영의 증거와 하나님의 양자 됨에 대한 성령의 증거로 믿는 자에게 확증을 주심을 믿고 가르쳤다. 그는 비록 절대적 의미에서는 아니지만, 죽기 전에 현세에서 기독자의 완전에 도달할 수 있다고 믿었다. 그리고 완전에 이르는 길에는 항상 '지금(now)'과 '아직(not yet)' 사이의 긴장관계가 존재함을 가르쳤다. 이러한 긴장관계의 깨달음 안에서만 기독자의 완전이 존재할 수 있다고 보았다.
- 일곱째, 실제적인 거룩함은 인간을 참된 행복으로 인도하는데, 행복과 거룩함은 웨슬리의 찬송가에 많이 나타난다. 찬송가는 웨슬리 신학을 전달하는 주요 수단이었다.
- 여덟째, 웨슬리의 영성은 에큐메니칼적이다. 웨슬리 신학은 "순수한 성서적 기독교 신앙"으로서 분열 없는 교회의 수련과 훈련을 추구한다. 그

는 그리스도를 따르면서 거룩함을 추구하는 모든 사람을 신앙의 동반자로 생각한다.

한편 웨슬리의 영성과 신앙의 발달을 연구하는 그룹은 웨슬리의 영성과 가톨릭 신비주의도 비교하였다. 구원하는 믿음에 대한 웨슬리의 추구와 고뇌는 로마 가톨릭 개혁 신비주의자들의 저술들과 관련이 있음을 밝힌 것이다. 이 그룹은 특별히 웨슬리가 1725년에서 1735년에 이르는 기간에 영적으로 관심을 가지게 된 것과 신성클럽의 활동의 본질은 중대한 부분에서 이러한 가톨릭 신비주의자들에게서 영감을 받았다고 주장하는 터틀(Tuttle) 교수의 주장을 받아들였다(Meeks, 1985, 199-200). 또한 웨슬리가 "영혼의 어둔 밤"이라는 신비주의자들의 가르침은 수용하지 않았다는 그의 견해도 받아들였다. 사실 웨슬리가 크리스천 도서관(메도디스트를 위한 웨슬리의 선정 도서)을 위한 도서를 선정하면서 신비주의자들의 서적 열 권을 줄였으며, "영혼의 어둔 밤"을 다루는 부분들을 "보이지 않는 것들의 증거로서의 믿음"이라는 설명으로 대체했다. 그는 또한 하나님과의 합일이라는 신비주의자들의 목표를, 그리스도인의 목표로서의 '완전'이라는 강력한 주제로 대치했다. 이러한 완전의 개념 안에서 웨슬리는 서구 가톨릭의 신비주의보다는 동방정교회의 영성을 따랐던 것이다.(Meeks, 1985, 199-200)

B 이냐시오의 영신수련

이냐시오는 군인 출신으로 16세기 초 프랑스와 스페인 간의 전쟁에 참여했다. 다리에 부상을 입은 것에 연유하여 그의 신앙생활이 시작되었고, 그 신앙

여정을 통하여 영성수련을 창출해 냈다. 그는 로욜라에 위치한 친척 소유의 성(城)에서 투병생활을 하게 되었다. 그 기간은 그의 영성생활의 결정적인 기간의 시작이었다. 이 시기에 이냐시오는 그가 도달했던 통찰과 자유를 얻었던 영성수련을 구상하기 시작했으며, 그 후 수년에 걸쳐 그것을 완성했다. 영성수련은 하나님께서 그에게 주셨던 풍부한 신비적 체험과 역동적인 영적 원리에서 발원한 것이었다.(Fleming, 1991, xiii)

이냐시오는 그의 영성수련의 목적에 대해 다음과 같이 언급한다:

> '영성수련' 이란 묵상, 관상, 구송기도, 헌신기도, 양심 성찰 등 우리가 하나님과 교제하는 모든 형식의 방법을 함의한다. 영성수련은 우리 자신 안에 있는 어두운 죄악과 죄악성에 빛이 임하게 도와주며, 하나님의 사랑에 보다 성실하게 응답할 수 있게 우리를 강화시키고 도와주며, 성령의 역사에 우리 자신을 좀더 열고 확장시키는 데에 유익하다.(Fleming, 1991, 5)

영성수련이란 영적인 교리가 아니라 하나의 프로그램이다. 그것은 그리스도 중심의 생활을 할 수 있게 돕기 위해 만들어졌다.

이냐시오는 하나님의 뜻에 승복할 수 있는 소망과 자유에로 수련자를 인도하기 위하여, 말씀 묵상과 관상 및 영성수련을 네 주에 걸쳐 영적 지도자와 함께 한 단계씩 진행해 갈 수 있게 디자인하였다. 대략 한 달 동안 전적으로 수련에 전념할 수 있게 한 것이다. 개인 수련자들은 하루에 한 시간이나 한 시간 반 정도 수련함으로써 수개월에 걸쳐 진행할 수도 있다. 영성수련은 수련자를 진정한 영적인 자유에로 인도하는 데 그 목적이 있다. 자기 자신의 집착이나 애착에 따라 무엇을 선택, 결정, 행동하지 않고, 진정한 가치와 질서를 삶에 가져옴으로써 점진적으로 영적 자유의 목표를 얻을 수 있게 돕는 것이다.(Fleming, 1983, 21)

영성수련 첫 주간은 수련자가 세상의 모든 것은 사랑 가운데 창조된 하나님의 선물임을 깨닫게 돕는 기본적인 원리와 기초를 묵상하는 것으로 출발한다. 그러나 이러한 하나님의 선물 중 어떤 것이 우리 삶의 중심에 자리하면 그것은 하나님을 대치하게 되며, 우리의 영적 성장을 방해한다. 여기에서 죄에 대한 묵상(영신수련 항목 24-27)이 이어지며, 이는 인간의 죄악성, 약점, 무질서에 초점을 둔다.

영성수련 둘째 주간은 "왕이신 그리스도와 그의 소명(영신수련 항목91-100)"에 관한 말씀 묵상으로 시작한다. 그것은 또한 예수 그리스도와의 올바른 관계를 정립하고 하나님을 어떻게 섬길 것인지를 선택하게 격려하는 그리스도의 성육신, 출생, 그리고 예수 그리스도의 생애 중 종려주일의 주요 활동들을 포함하여 묵상하게 돕는다.

셋째 주간은 예수 그리스도가 최후의 만찬을 위하여 어떻게 베다니로부터 예루살렘으로 가셨는지와 겟세마네 동산에서의 고통, 우리의 구원을 위한 십자가 죽음을 묵상한다.

넷째 주간은 "하나님의 사랑을 얻기 위한 묵상(영신수련 항목 230-237)"에 초점을 맞춘다. "내게 주시는 하나님의 선물", "내게 주시는 하나님의 선물로서의 그분 자신", "나를 위한 하나님의 노동", "공급자이신 하나님과 선물"이라는 묵상 주제들은 이러한 수련의 네 가지 요점을 나타낸다.

영성수련의 과정은 세 단계로 구성된다. 첫 번째 단계는 첫 주간에 해당하는데, 죄의 고백을 통한 정화(Purification, 자아 정체성의 문제)에 강조점을 둔다. 두 번째 단계는 둘째 주에 해당하고, 조명(Illumination, 소명의 문제)을 강조한다. 세 번째 단계는 셋째와 넷째 주간에 해당하며, 변형(Transformation, 사명의 문제)을 지향한다.(Egan, 1978)

C 웨슬리 영성과 이냐시오 영성의 비교

웨슬리와 이냐시오 사이에 약 200년이라는 시차가 있지만 서로 연결되어 있다는 상당한 추측이 있다. 웨슬리는 그의 일기에 자신이 1742년 8월 16일에 이냐시오의 생애에 관한 글을 읽었다고 기록하였다(Wesley, Jackson(ed.), 1986, V. 1, 393). 사람들은 심지어 웨슬리를 예수회 신부로 오해하기도 했다(Wesley, Jackson(ed.), 1986, V. 2, 99). 터틀(Tuttle)은 웨슬리가 루터와 이냐시오의 특성, 즉 경건과 함께 개혁 교회의 은총의 교리와 로마 가톨릭의 조직적인 힘을 결합했다고 언급했다(1989, 30). 마스(Mass)는 웨슬리가 로욜라의 이냐시오처럼 영적 이상을 가지고 조직을 잘하는 열정적인 행동가로서 이중의 은사를 받았으며, 그 결과 감리교회가 영국과 미국에서 일종의 영적이며 사회적인 누룩의 역할을 하게 만들었다고 지적했다(1990, 312). 이와 같은 은사로 초기 감리교 운동을 위해 신도회를 조직하였으며, 그 안에서 참여자들의 영성을 양육하고 실험하고 규칙을 만들었다.

이냐시오의 이상도 결과적으로 사도적인 엄정한 질서 속에서 함께 사는 공동체였으며, 결국 이것이 수도회 중의 하나인 예수회가 된 것(Byrne, 1986, 64) 등이 비슷하다. 예수회가 교회 내부에서 로마 가톨릭 교회의 개선을 시도했던 것처럼, 메도디스트 신도회 또한 내부에서 영국국교회의 개혁을 시도했다. 그래서 웨슬리는 감리교 운동의 조직을 메도디스트 교회가 아니라 메도디스트 신도회라고 명명했다.

D 웨슬리 영성과 이냐시오 영성의 유사점

1. 기독교 전통 안에 있음

웨슬리와 이냐시오는 공히 교회론적인 배경과 기독교 영성의 전통에 견고하게 서 있다. 오말레이(O' Malley)는 그 개념과 이미지, 지시와 관련하여 이냐시오의 영성수련 저서는 기독교 전통뿐만 아니라 교회학적 배경 안에 확실하게 서 있다고 지적하였다(1988). 하퍼(Harper, 1981)와 웨슬리(T. Wesley, 1987)는 웨슬리의 영성 또한 교회학적인 배경에 깊이 뿌리박고 있으며, 기독교 전통의 영향 아래 형성되었다고 주장하였다. 하퍼는 기독교의 전통적 영성의 영향을 밝혀내고, 웨슬리가 읽은 책과 그의 추종자들에게 추천한 책에 대한 연구를 통하여 그것이 어떻게 웨슬리의 영성을 형성했는지를 증명하였다(1980). 이냐시오와 웨슬리 두 사람 모두 토마스 아 켐피스의「그리스도를 본받아」를 선호했다는 것은 흥미로운 일이다. 이 책은 이냐시오가 그의 영성수련 과정을 따르는 사람들에게 특별히 추천한 유일한 책이었다. 웨슬리도 잠시 신비적 전통과 관계있는 책 읽는 것을 중단했을 때에도 이 책만은 손에서 놓지 않았다(Haper, 234). 심지어 "토마스 아 켐피스의 크리스천의 삶의 패턴(The Christian' s Pattern of Thomas a Kempis)"이라는 제목으로 그의 책을 짧게 정리하여 120판을 출간하기까지 했다. 그의 생애 마지막 65년 동안 그는 어디를 가든 성서와 함께 이 책을 가지고 다녔다.(T. Wesley, 1987, 35)

2. 마음과 생활의 거룩함

웨슬리 영성의 테마는 내적인 거룩함과 사회적 거룩함에 있다. 그에게 성령운동의 목표는 개인과 더불어 사회의 총체적 변형이었다. 타락한 인류는 마음의 거룩함과 생활의 거룩함, 즉 내적인 완전과 웨슬리가 "사회적 성결"이라고 부르기를 좋아했던 이웃에 대한 가시적이고 외적인 사랑의 표현을 하도록 부

르심을 받았다.(Mass, 1990, 311)

웨슬리 영성의 본질적 요소는, 웨슬리의 영성과 신앙의 발달을 연구하는 그룹이 제안하듯이 신비적 경건과 예언자적 경건의 종합이었다. 비록 그가 말하는 신비적 경건이 신비주의자들과 같이 하나님과의 일치를 추구하는 것은 아니었지만 웨슬리에게도 하나님과의 일치에 대한 대단한 열망이 있었다. 그의 영성에는 사회적 책임과 기쁨, 남성과 여성의 변화에 대한 요구, 그리고 사회변혁에 대한 강력한 의식이 있었다. 이것은 웨슬리의 혁명에 대한 반대와 더불어 훌륭한 크리스천은 기존 질서를 따른다는 신념과 공존했다.(Meeks, 1985, 195)

한편 "행동 안에서의 관상(contemplation in action)"이라는 어구는 이냐시오 영성수련의 기본적인 목표를 요약해 준다. 이러한 행동주의적 성격은 그의 다양하고 열정적인 사역에 잘 나타났다. 초기 예수회 수도사들은 고아, 매춘부, 감옥에 간힌 죄수, 병자, 특히 그들의 학교와 설교 등과 관련한 자비의 선행을 실천했다.(O' Malley, 1998, 7-8)

웨슬리는 가난한 사람들에 대한 신앙인의 특별한 의무를 강조했다. 그는 특별히 가난한 자들과 동일시하는 목회를 보여 주었으며, 진정으로 '소자들'의 존엄성과 구속에 대한 예수 그리스도의 관심을 증거하였다(Meeks, 1985, 195). 또한 은총의 수단으로, 가난한 자들을 돌보는 자비의 수련(Works of Mercy)으로 거룩한 삶에 대한 특별한 규칙과 활동을 창출해 냈다.(Davies, 1989, V. 9, 70-73)

3. 구원의 과정에서의 신인 협조설

웨슬리와 이냐시오는 모두 구원의 과정에서의 인간 참여의 필요성을 주장한다. 이냐시오는 영신수련에서 이 문제를 다루었는데, 은총이 '행함과 자유의지'를 경시하지 않는 것이라고 권고한다. 웨슬리도 개인의 구원과 사회적 변혁을 위한 인간의 파트너십과 책임성에 대한 소명뿐만 아니라, 하나님께서 자유롭게 주시는 신적 은총에 대한 인간의 응답이 요청된다고 했다(Meeks, 1985, 195). 두 사람 모두에게 하나님의 은총과 자유의지의 활동에 대한 인간의 책임성은 중요하다. 그러나 웨슬리에게 인신협조(Human-Divine cooperation)보다 신인협조(Divine-human cooperation)가 중요한 반면, 이냐시오에게는 신인협조와 인신협조, 양자가 모두 중요하다. 이냐시오가 의인화(義認: justification)는 하나님의 은총을 통한 믿음과 인간 자유의지의 선행이 필요하다고 주장한 반면, 웨슬리는 하나님의 전적인 은총으로 주어지는 믿음만이 필요하다고 했다. 즉 웨슬리가 말하는 의인화의 과정에서는 선행도 자유의지도 아무런 역할이나 공헌을 할 수 없다. 그러나 성화의 과정에서는 웨슬리와 이냐시오 모두 하나님의 은총과 자유의지를 나타내는 믿음과 선행이 함께 필요함을 주장했다. 웨슬리는 다음 글에서 보는 바와 같이 의인화의 개념과 관련해서는 마틴 루터의 개혁 신학적 관점을, 성화의 개념과 관련해서는 로마 가톨릭 교회의 신학적 관점을 수용함으로써 에큐메니칼적인 신학적 균형을 이루고 있다고 볼 수 있다.

의인화(칭의), 성화와 관련하여 명확한 판단을 내린 사람이 거의 없었다. 의인화에 관하여 매우 훌륭하게 설명하고 기록한 많은 사람들이 성화의 교리에 대해서는 명확한 개념이 없을 뿐만 아니라 전적으로 무지하기까지 했다. 의인화의 교리에 대해서는 누가 '오직 믿음으로만'을 강조한 루터보다 훌륭하게 피력했는가? 그리고 성화의 교리에 대해서는 루터보다 더 무지하고, 더 혼동한 사람이 있었던가? 이것에 대해 편견 없는 확인을 원하면 루터의 유명한 갈라디아서 주석을 읽어 보는 것만으로 충분하다. 이와는 반대로, 얼마나 많은 로마 교회에서, 예를 들면 프란시스 세일스(Francis Sales)와 특히 주안 데 카스타니자(Juan de Castaniza)와 같은 신학자들이 성화에 대해 힘있게 그리고 성서적으로 기록했는가? 그렇지만 그들은 칭의의 본질에 대해서는 전적으로 무지했다. 트렌트 공의회에서 그들의 모든 신학자가 그들의 신조(Cathechismus ad Parochos) 안에서 칭의와 성화를 전적으로 혼동할 정도로 무지했다. 그러나 하나님께서는 감리교도들에게 칭의와 성화에 대한 충분하고 명확한 지식과 양자의 광범위한 차이에 대한 지식 주시기를 기뻐하셨다.(Wesley, Outler(ed.), 1986, V. 3, 505)

4. 하나님의 은총으로서의 구원

웨슬리에게 구원의 과정은 하나님의 은총으로만 이루어진다. 이냐시오에게도 하나님의 용서를 얻기 위해 인간이 노력해야 한다는 의식이 없다(O'Malley, 1998). 두 사람 모두에게 구원은 인간 자신의 노력으로 쟁취하거나 얻어내는 것이 아니다. 오직 하나님의 은총으로서의 구원이 전적으로 전제된다.

5. 영성수련을 통한 올바른 삶과 사랑

이냐시오에게 영성수련의 주된 문제는 영성에 기초한 올바른 삶과 사랑이었으며, 영성수련을 통해 사랑의 마음을 늘 갖게 되고 사랑의 정서가 양육되고 성장하는 것이었다. 이것이 영성수련의 기본적 성격이며 강조점이다. 이냐시오가 그의 영성수련에서 언급했듯이, 영성수련의 목적은 "하나님을 향한 정돈된 올바른 삶"에 있었다(영신수련 항목 21)(O'malley, 1998, 11). 웨슬리도 올바른 삶을 하나님께 드려진 헌신적인 삶으로 정의하였으며, 성령께서 나타나실 수 있는 삶의 방법과 모습에 늘 관심하였다. 그래서 웨슬리는 은총의 수단을 사용하여 자신을 훈련시켰으며, 다른 이들에게도 그와 같이 할 것을 촉구하였다.(Haper, 1981, viii)

6. 자기 성찰을 위한 질문

웨슬리와 이냐시오에게 자신을 아는 지식에 이르는 것은 묵상기도의 중요한 목표였으며, 자아 성찰은 그 목표에 도달하기 위한 주요 수단이었다. 웨슬리가 사용했던 자아 성찰 방법은 이냐시오가 그의 영성수련에서 제시한 것과 유사했다. 자아 성찰의 질문에 따라 생각과 말과 행위의 책임성을 성찰하게 한 것이다(Heitzenrater, 1985, 19). 이냐시오의 자기 성찰은 사실 일반적인 성찰 외에도 영성수련을 통하여 수련자들을 지도하는 것에 있었다. 수련자들에게 주어지는 일반적인 질문들은 "나는 그리스도를 위하여 무엇을 했는가? 나는 무엇을 하고 있는가? 나는 그리스도를 위해 무엇을 해야만 하는가?"이다(영신수련 항목 53)(O' Malley, 1988, 12). 웨슬리에게도 이와 비슷하게, 많은 특별한 질문 이외에 일반적인 질문들이 있었다. 예컨대, 매일 아침 제시된 질문은 "나는 하나님 제일주의로 하루를 시작하고 있는가? 나는 지난 밤 이후에 자신의 행동에 유의하고 자신을 성찰하였는가? 오늘 하나님을 위하여 내가 할 수 있는 모든 선한 일을 다 하고, 오늘을 위한 하나님의 부르심에 최선을 다하며 충성할 결심으로 하루를 시작하고 있는가?"(Wesley, Jackson(ed.), 1986, V. 11, 209)이다.

7. 영적 책임의식(Accountability)

웨슬리에게, 서로 영적으로 책임지는 것은 메도디스트 속회의 회원으로서 매우 중요했다. 수도원에서의 수도생활 대신에 메도디스트들은 속도원의 집에서 주 1회 속회를 가졌다. 각 속회에는 열두 명의 회원이 있었으며, 그들은 영적인 성장과 성숙이라는 목적을 위하여 나눔, 고백, 충고, 서로 가르치는 상호 간의 책임을 수행해야 했다. 그러므로 속회는 예수 그리스도의 장성한 분량까지 자라기 위하여 회원 간의 상호 영적 책임의 관점에서 그들의 임무를 수행하는 일종의 영적 모임이었다.

한편 속회보다 작은 영적 모임인 밴드라는 모임이 있었다. 밴드는 네다섯 명으로 구성되었는데, 일 주일에 두세 번의 모임을 가졌다. 그들은 영적 책임지기에 있어서 속회에서 행하는 것보다 엄격하고 보다 철저한 지도와 훈련을 받았다. 속회가 가족 형태나 구역에 따라 모든 메도디스트 회원이 의무적으로 참여해야 하는 모임인 반면, 밴드는 배우자의 유무, 나이, 성별에 근거하여 엄격히 조직되었다. 이를테면, 과부 밴드, 홀아비 밴드, 남성으로 구성된 청년 밴드, 여성으로 구성된 청년 여성 밴드 등이었다.

이냐시오의 영성도 영적 책임지기 정신에 따라 예수회와 크리스천 생활 공동체(CLC, the Christian Life Community)라는 서로 다른 두 종류의 종교적 공동체를 설립했다. 크리스천 생활 공동체의 목적은 단지 회원들이 거룩함 안에서 성장하며 믿음을 공유하는 것뿐만 아니라, 전도와 봉사에 종사하는 것, 그리고 그리스도를 따르라는 부르심을 서로 섬기라는 부르심으로 인식하는 것이었다.(Bedolla & Totaro, 1990)

8. 다양한 기도 형태

이냐시오는 영성수련에서 다양한 형태의 기도를 사용한다. 에간(Egan)이 분류한 바에 따르면, 숙고(consideration), 양심 성찰(examination of conscience), 준비기도(preparatory prayers), 이미지기도(mental image of the place), 자신의 소망과 요구(what I want and desire), 영혼의 세 가지 힘(three powers of the soul), 주님과의 대화(colloquies), 대조(comparisons), 반복 수련하기(repetitions), 전에 하던 수련을 다시 해보기(resumes), 오감을 사용한 기도(application of the senses), 말씀 묵상(meditation), 관상기도(contemplation), 첫 번째 기도 방법(first method of prayer), 두 번째 기도 방법(second method of prayer), 세 번째 기도 방법(third method of prayer), 하나님의 사랑을 얻기 위한 관상(the contemplation to obtain divine love)(1978, 415) 등 매우 다양했다.

웨슬리도 또한 다양한 형태의 기도 방법을 사용했다: 자아 성찰, 공동기도(common prayer), 개인기도, 공중기도(대표기도), 화살기도(ejaculatory prayer), 일반적 질문, 특별 질문, 기도모음집, 말씀 묵상, 관상기도, 잠심의 기도(recollections), 금식(Haper, 1981), 구송기도(vocal prayer)와 정신적 기도(mental prayer)(Wesley, 1978, 540) 등이었다.

9. 자신을 하나님의 뜻에 굴복시키고 싶은 깊은 갈망

이냐시오의 영성수련 마지막 부분에 수련자를 위한 기도문 "하나님의 사랑을 구하는 기도"가 있다. 이 기도문은 하나님의 뜻과 은총을 향한 보다 큰 봉헌에 대한 그의 깊은 갈망을 함축하고 있다.(O' Malley, 1998, 12)

하나님의 사랑을 구하는 기도

주님, 저를 받으소서.

저의 모든 자유와

저의 기억과 저의 지력과 저의 모든 의지와

제게 있는 모든 것과 제가 소유한 모든 것을 받아 주소서.

이 모든 것은 당신께서 제게 베풀어 주신 것들입니다.

오 주님, 이 모든 것을 당신께 다시 바치나이다.

온전히 당신의 뜻대로만 이것들을 처분하여 주옵소서.

그리고 제게는 당신의 사랑과 은총을 주옵소서.

제게는 주님의 은총과 사랑으로 족하나이다.

하퍼는 웨슬리의 경건한 영성수련의 삶을 요약한 것으로 "헌신의 기도"라는 웨슬리의 기도문을 소개하였다. 이 기도문은 이냐시오의 "하나님의 사랑을 구하는 기도"와 내용 면에서 매우 유사하다.

헌신의 기도

주여, 여기 당신의 종을 보십시오!

당신의 인도하시는 손길을 기다립니다.

당신의 모든 말씀을 듣고 지키기 위하여,
당신의 완전하신 뜻을 나타내고 행하기 위하여,
이것이 저의 전 생애의 기쁨이며,
당신의 의로움으로 채우는 즐거움입니다.

당신의 은총으로 저를 사용해 주신다면,
당신의 모든 피조물 중에
가장 보잘것없는 저를 말입니다.
저의 행동과 시간과 삶이
당신 안에서 열매를 발견하기를 원합니다.
저의 모든 일이 당신을 위한 사역이 되게 하옵소서.
당신에 의해서만 온전함에 이를 수 있음을 믿습니다.

그러나 저의 선한 의도에도 불구하고 제게 연약함이 있습니다.
당신을 만남으로 극복되고 변화되게 하소서.
주님, 모든 사역이 당신을 위한 것이 되게 하여 주소서.
오 주님, 당신을 위한 모든 사역을 완수하게 하옵소서.
주님은 아버지 하나님을 기쁘시게 하기 위하여
모든 일을 의롭게 행하셨나이다.

제가 여기 있사오니 당신의 것으로 받으소서.
당신 손에 맡겨진 이 진흙과 같은 저를 당신 뜻에 따라 빚어 주소서.
그러나 저로 하여금 당신의 모든 인정을 받게 하시고
당신의 모든 말씀에 복종하게 하소서.
오직 한 마음과 한 길로 주님을 섬기며 살게 하옵소서.

당신의 영광을 위해 살며, 그리고 당신의 영광을 위해 죽게 하옵소서.

(Wesley, Jackson(ed.), V. 8, 1986, 135)

두 편의 기도는 하나님의 뜻에 전적으로 승복하기를 소망하고 있다.

10. 그리스도를 본받음

이냐시오와 웨슬리는 영적 여정의 목표로서 그리스도 닮기를 추구했다. 이냐시오의 "영성수련"과 웨슬리의 "그리스도인의 완전에 관한 평이한 해설"의 요점은 그리스도를 본받는 것이다. 이냐시오와 웨슬리에게 한 마음과 단순성은 그리스도를 본받기 위한 영성수련의 가장 중요한 요소였다. 그들에게는 어린아이와 같은 한 마음과 단순성으로 예수 그리스도의 장성한 분량에까지 자라고자 하는 한 가지 소망과 한 가지 사랑만이 있을 따름이었다.

▣ 웨슬리 영성과 이냐시오 영성의 차이점

1. 시대와 장소

웨슬리와 이냐시오는 서로 다른 시대와 전통 안에 있었다. 한 사람은 16세기 스페인의 가톨릭 신부였고, 다른 한 사람은 18세기 영국의 성공회 신부였다. 이냐시오의 영성 운동은 16세기의 종교개혁 신학에 반대했다. 그러나 웨슬리는 18세기 종교개혁 신학을 따르던 성직자였다. 그러므로 그들 사이에는 시대적, 지리적, 문화적인 차이가 있었다.

2. 의인화(義認化: imputation)와 의인화(義人化: impartation)

이냐시오와 웨슬리는 성화의 과정에서, 인간 본성의 변형을 위해 하나님의 구원 역사에 인간이 협조해야 한다는 점에서 의인화(義人化: impartation)에 동의한다. 그러나 그들은 칭의(Justification) 과정에서의 의인화(義認化: imputation)에 대하여는 신학적 관점의 차이를 보인다. 웨슬리는 칭의에 있어서 인간은 단지 의인화(義認化: imputation)의 은총에 전적으로 의존할 수밖에 없다고 주장한다(Collins, 1997). 반면에 이냐시오는 칭의의 과정에서조차 인간의 협력이 포함된다고 믿는다.(O' Malley, 1998)

의인화(義認化: imputation)는 객관적, 수동적, 상대적으로, 그리고 우리 밖의 그리스도로부터 오는 낯선 은총이다. 의인화(義認化: imputation)는 라틴어로 extra nos(우리를 위하여, 우리 밖으로부터)로 표기된다. 그러므로 그리스도인은 이 칭의의 덧입힘(주입: imputation)을 통하여 의로운 존재가 될 뿐만 아니라, 법적으로 귀중한 존재로 간주되는 관계적인 의인이 된다.

의인화(義人化: impartation)는 성령께서 우리 안에서 활동하시는 주관적, 능동적, 실제적 은총을 의미한다. 의인화(義人化: impartation)는 라틴어로 in nobis(우리 안에서)로 표기된다. 그러므로 성화의 은총에 우리의 참여(impartation)를 통하여 상대적, 법적으로 의롭고 거룩한 존재의 차원을 넘어 실제적으로 의롭고 거룩한 존재가 되는 것이다. 의인화(義認化)의 은총이 하나님으로부터만 자유롭게 임하는 반면, 의인화(義人化)의 은총은 하나님과 그리스도인의 신인협조(the synergistic cooperation of God and Christians)로 이루어진다. 그러므로 의인화(義人化)의 은총은 신적 본성에 참여하는 것이요, 이에 비하여 의인화(義認化)는 하나님이 주시는 선물이다.

3. 신인협조(Synergism)와 복음적 신인협조(Evangelical Synergism)

가톨릭 수도사였던 이냐시오는 중세 가톨릭 스콜라 신학의 반(半)펠라기우스주의(Semi-Pelagianism)를 따랐다. 이는 신인협조(Divine-human cooperation)라기보다는 인간이 50%의 자유의지로 선행을 시작하면 하나님께서 은총 50%

로 다가오신다는 인신협조(Human-Divine cooperation)의 관점을 취한다. 이냐
시오가 보는 인간의 본성은 전적으로 타락하지 않았으며, 인간은 하나님의 은
총에 본성적으로 응답할 수 있는 능력이 있다. 그러므로 자유의지는 인간 본성
의 자연적 능력이라 할 수 있다. 그러나 웨슬리에게 인간의 자유의지는 선재적
은총에 의해 회복된 것이다. 그는 아담의 타락 이후 인간 본성은 무능력하게 되
었으며 전적으로 부패하였다고 믿는다. 하나님의 선재적 은총의 도움으로 인
간은 하나님의 은총에 응답할 수 있게 된다. 선재적 은총은 인간의 자유의지를
돕고 북돋우며 자극한다. 그러므로 웨슬리는 하나님의 선재적 은총이 먼저 다
가오면 인간이 이에 응답할 수 있다고 주장한다. 그는 반(半)펠라기우스주의가
아니라 아르미니우스주의의 관점에서, 하나님께서 은총 100%로 역사하시면
인간이 100%의 자유의지로 응답한다는 신인협조설을 주장했다.

4. 이 세상에서의 완전과 내세에서의 완전

웨슬리에게 완전은 죽기 전에 이생에서 실현되고 성취될 수 있는 것이다.
그러나 이냐시오에게서 완전은 죽은 다음 내세에서나 실현 가능하다. 웨슬리
가 동방정교회의 신화(神化: deification, 그리스어로 theophoiesis)의 교리적 전통
을 받아들인 반면, 이냐시오는 이생에서의 완전의 가능성을 부정하는 서구 로
마 가톨릭의 전통을 따랐다.

5. 공식적 영성훈련과 비공식적 영성훈련

이냐시오는 영성 체계를 위한 공식적인 영성수련 메뉴얼을 작성하여, 30일
간의 영성수련을 받고자 하는 공동체의 모든 지원자가 이를 의무적으로 이수
하게 하였다(McNally, 1965, 43). 한편 웨슬리는 자신이 열정적으로 수련하고 가
르쳤지만, 영성훈련을 위한 공식적인 메뉴얼을 만들지는 않았다. 이런 이유로
'웨슬리가 수련하고 가르쳤던 것들을 모아 지금 우리도 편리하게 사용할 수 있

다면 얼마나 좋을까?' 라는 생각에서 이 글을 쓰게 된 것이다.

이냐시오와 웨슬리는 비록 그들의 신학적 방향에 약간의 차이가 있었지만, 신학적, 영성적 이해에서는 매우 유사했으며, 다른 어떤 종교 지도자들보다 영성수련을 강조하였다. 18세기 프로테스탄트의 배경 중 독특하게도, 웨슬리는 영성훈련과 영적 성숙, 그리고 성화훈련을 위한 수련 실행에 주안점을 두었다. 즉 우리는 은총의 수단, 교의와 설교, 일기, 편지, 웨슬리의 교훈에 기초한 웨슬리적인 전통에서 풍부한 영성수련의 유산을 받았다. 웨슬리의 영성수련은 위에서 언급한 바와 같이 매우 풍부하고 탁월하여 가톨릭교회의 이냐시오의 '영신수련'에 필적할 만하다 할 수 있다.

IV. 웨슬리의 영성수련과 은총의 수단

웨슬리는 그의 전 생애에 걸쳐 기독자의 완전을 지향하며, 영적 성장을 위한 모든 방법을 추구하였다. 그리고 그 방법들을 "은총의 수단" 이라고 불렀다. 글자 그대로, 은총의 수단이란 하나님을 체험하고 그분께 응답하는 수단을 말한다. 나이트 경(Knight III, 1987)은 웨슬리가 가르쳐 준 은총의 수단을 '일반적 은총의 수단', '제정된 특별한 은총의 수단', '상황적 은총의 수단' 이라는 세 영역으로 구분했다.

첫째, 웨슬리는 '일반적 은총의 수단' 과 '특별한 은총의 수단' 을 구별한다. 일반적 은총의 수단은 그리스도인의 생활에 널리 스며들어 있는 신앙적 태도나 훈련을 의미하는 것으로서, 계명을 지키는 것, 자기 부인, 매일 자기 십자가를 지는 것이다. 특별한 은총의 수단은 보다 상세한 경배와 훈련의 행동들을 의미하는 것으로서, 기도, 금식, 성만찬, 성서 탐구, 신도들의 교제 등이다.

둘째, 웨슬리는 '제정된 은총의 수단' 과 '상황적 은총의 수단' 을 구분한다. 제정된 은총의 수단은 하나님이 정하신 은총의 수단으로, 위에서 특별한 은총의 수단으로 제시한 것들을 포함한다. 제정된 수단은 모든 시대와 모든 문화를 망라하는 보편적 교회에 속하는 것이다. 이에 비하여 상황적 은총의 수단은 시대와 문화, 그리고 개인에 따라 다양하게 나타날 수 있는 것들이다. 시대와 배경의 흐름에 따라 나타난 은총의 수단들, 예를 들면 속회, 밴드, 애찬, 찬양 같은 것들이며, 일반적 은총의 수단과 비슷하다.

또한 웨슬리는 위에 언급한 은총의 수단을 수련의 목적에 따라 구분한다. 첫 번째는 하나님께로 향하는 경건의 수련(works of piety)으로서, 그리스도께서 명령하신 것이며, 제정된 은총의 수단과 동일하다. 두 번째는 자비의 수련

(works of mercy)으로, 우리가 이웃을 육체적, 영적 어려움에서 구해 내기 위하여 부름 받았음을 의미하며, 상황적 은총의 수단과 연결된다. 그러나 자비의 수련은 은총의 수단 이상의 것이다. 이는 사랑의 실천이며, 종교의 목적이다. 그래서 그것들 상호 간에 충돌이나 대립이 생길 경우, 웨슬리는 그 어떤 제도적 의식보다 자비의 수련을 선호했다. 그러므로 수단이 그 목적이 되는 사랑과 충돌한다면 수단들은 목적(사랑)을 위해 중지되어야 한다고 가르쳤다.(Knight III, 1987, 4-5)

제정된 은총의 수단은 탄원, 간구, 중보, 감사의 내용으로 이루어진 즉흥적이거나 글로 써서 하는 개인기도, 가족기도, 공중기도이며, 읽기와 묵상과 듣기를 통한 성서 탐구, 성서 말씀 읽기나 해설 등 말씀 사역에 참여하는 것, 성만찬, 금식 혹은 절제, 신앙인들 사이의 교제를 의미한다. 이 외에도 다른 많은 은총의 수단들이 있다. 웨슬리는 이를 상황적 은총의 수단이라고 불렀다. 특별한 규칙들, 거룩한 활동들, 속회와 밴드 모임, 기도 모임, 계약예배, 철야예배, 애찬, 병자 방문, 할 수 있는 모든 선행의 실천, 이웃에게 해로운 일 하지 않기, 경건서적 및 지덕을 함양하는 고전 문학작품 읽기 등을 들 수 있다. 이 모든 은총의 수단들은 영성생활의 진보를 이루게 한다.(Knight III, 1987)

웨슬리는 그 자신의 영성생활과 메도디스트 운동에서 영적 성장을 도모하기 위하여 은총의 수단을 사용하였다. 그의 영적 운동은 전 세계로 확산되었고, 18세기 후반과 19세기 초 미국의 대각성 운동 시대에 소위 '경건 운동(Holiness Movement)'을 통하여 영적 성장에 공헌했다. 그리고 심지어 21세기에 한국 땅에 살고 있는 필자에게도 이르렀다. 필자는 존 웨슬리의 은총의 수단을 회복하는 것은 이 시대 모든 이들의 영적 성장에 도움을 줄 수 있다는 것을 믿어 의심치 않는다.

▨ 은총의 수단과 영성수련의 회복

최근에 몇몇 메도디스트 신학자들 - 예컨대 블레빈스(Blevins), 하퍼(Haper), 나이트(Knight III), 매독스(Maddox) - 은 영적 성장과 성숙을 이루기 위하여 은총의 수단의 회복과 사용을 논의하기 시작했다. 하지만 은총의 수단이 구체적인 방법으로 실행되는 것이 바람직하다는 데에는 동의하지만, 영적 성장과 훈련을 위하여 이를 어떻게 적절하게 이용할 수 있는지에 관해서는 아무도 언급하지 않고 있다.(Blevins, 1997)

블레빈스(1997)는 웨슬리가 그리스도인 개인과 그룹의 신앙생활에서 은총의 수단을 사용할 때 확실한 영적 성장의 결과가 있음을 깨닫기를 원했다고 주장한다. 은총의 수단은 거룩하고 의로운 생활을 낳는다. 그러나 어느 특정한 은총의 수단 하나만을 부분적으로 실행함으로써 은혜를 받을 수 있는 것은 아니다. 그리스도의 공로로 우리에게 주어진 이 은총은 다양한 은총의 수단을 복합적으로 사용하는 수많은 훈련과 수련에 참여함으로써 얻을 수 있다. 이는 제정된 수단과 상황적 수단으로 알려진 역동적인 은총의 수단의 통합을 이룬 훈련과 수련을 의미한다.

블레빈스(1997)는 전체적인 은총의 수단을 사용해야 하지만 그 중에서 개인적으로 자신에게 필요한 특정한 몇 가지 수단을 적극적으로 수련하는 것이 좋다고 했다. 그러나 어떤 한 수단만을 고집하면, 예를 들면 기도나 명상만을 하면 통전적 은총의 수단에서 고립되고 성서를 읽지 않게 되는 현상이 나타난다고 지적하면서, 영적으로도 다른 영역의 결핍을 경험하게 된다고 언급한다. 그는 또한 심리학과 종교의 관점에서 바라본 기도에 대해, 성서와의 관계 속에서 올바른 이해가 있어야 한다고 말한다. 필자는 전체적인 은총의 수단을 사용해야 한다는 점에서 그의 의견에 동의하면서, 전체적으로 통합된 은총의 수단을 사용하는 영성수련의 형태가 필요함을 절실히 느끼게 되었다.

웨슬리는 은총의 수단을 하나님의 은총을 전달하는 통로이자 그 은총에 대한 우리의 응답으로 보았다. 그리고 이를 통해 성화를 향한 성장이 가능하며, 은총의 수단을 책임 있게 수련함으로 거룩함을 향한 성장을 도모할 수 있다고 믿었다.

매독스(1998)는 은총의 수단이 웨슬리가 주장하는 거룩한 마음과 거룩한 삶, 성화의 중심이라고 보았다. 그에 따르면, 웨슬리는 은총의 수단을 하나님께서 당신의 은혜로운 변형의 능력을 전달하는 일상적인 통로로 사용한다고 이해했다. 그리고 이것이 신앙인으로서 책임 있게 거룩한 기질을 형성하는 수련이라고 생각하여, 웨슬리 자신도 은총의 수단으로 영성수련을 했다. 웨슬리는 은총의 수단을 하나님의 은총에 의한 변형하는 능력의 매개체로 간주하면서, 그를 따르는 사람들을 위하여 의도적으로 균형 잡힌 은총의 수단을 사용하는 네트워크를 발전시켰다.

이와 같은 웨슬리의 관심과 노력에도 불구하고 은총의 수단이 왜 지금까지 고립되어 왔는지를 매독스(1998)는 다음과 같이 지적한다.

> 감리교 운동 초기에, 캠프 집회와 기도 그룹은 초기 성결 운동(Holiness Movement)에서 어느 정도 균형 잡힌 훈련으로 나타났으며, 이들은 메도디스트 교회 생활이 관례화되지 않게 하는 대안적인 '열정적' 공동체로서 자리매김했다. 그러나 이러한 모임들은 곧 이성주의자들이 생각하는 합리적인 예배와 공동체생활로 변했으며, 일상적인 루틴의 성격을 띠게 되었다. 이러한 변화가 보다 넓게 작용하여, 거룩함을 이루기 위하여 추천된 전형적인 은총의 수단이 지성적인 면으로 발전하기에 이르렀다. 온전한 성화에 도달하기 위하여 추천된 유일한 은총의 수단은 회개와 정화를 위하여 도전 받는 모임에 출석하는 것뿐이었다. 그리고 계속해서 영적으로 성장하기 위하여 성서 읽기, 기도, 경건 문학, 간증 등 보편적인 은총의 수단을 사용할 때 지성적인 차원에서 이 수단들을 실천하게 되었다.

또한 그리스도인의 인격을 성화시키는 훈련으로서 은총의 수단의 역할은 성결 운동의 유동적 가설에 의하여 문제가 되었다. 성결 운동은 어느 정도는 자연발생적인 성령 운동으로서 이성적 역할에 대해서는 강조하지 않았지만, 성화 훈련으로서의 은총의 수단에 대해서도 그 필요를 거의 느끼지 못했다. 그 이유는 '성령에 의해 변화된 마음이 어떻게 자연적으로 그 길에서 벗어날 수 있는가?' 하는 것이었다. 이것을 강조하다 보니 결국 외부적 훈련이 어떻게 마음의 변화를 도울 수 있는지 의문을 제기하기에까지 이르렀다. 마찬가지로, 이와 같은 순간적 변화와 갱신을 강조하는 성결 운동의 모델은 훈련을 거의 강조하지 않았다. 심지어 경건한 연습을 통해 경건한 습관을 만들어 가는 성화의 과정에서 가장 필요한 영성수련, 즉 은총의 수단을 사용하여 어떻게 수련해야 할지 등을 강조하기보다는 거룩한 습관을 형성하는 것은 마치 인간의 의무에 있는 것처럼 인간의 의무에 강조점을 두게 되었다. 보다 주목할 만한 것은 그들은 은총의 수단을 사용하는 것을 주로 '의무'의 문제로 몰아가는 경향이 있었다는 점이다.(Maddox, 1998, 60)

필자는 사람들이 이러한 의무 개념을 좋아하지 않기 때문에 은총의 수단을 사용하지 않게 되었다는 매독스의 의견에 동의한다. 그러므로 이제는 은총의 수단에 기초한 영성수련을 만들어야 한다. 우리의 영성수련(spiritual formation)의 과정을 도와줄 수 있는 어떤 것이 필요하다. 매독스(1998)는 또한 은총의 수단을 권고하는 웨슬리의 주된 의도는 수련(formation)이라고 지적한다. 은총의 수단은 의인화의 확증조차 없는 사람들, 단지 '구원에 대한 열망'만이 있는 사람들을 위한 영성수련이 되었다. 웨슬리는 은총의 수단에 기초한 영성수련은, 만일 그들이 정해진 순서에 따라 수련하기만 한다면 구원에 대한 확증을 얻고 변화를 이루게 디자인된 것이라고 믿었다. 예를 들면 자비를 연습하는 자비의 수련(works for mercy)도 필요하다. 이는 그러한 행위가 단지 '합당하기' 때문만이 아니라, 그리스도를 닮은 인격, 즉 거룩한 성품으로 자라게 하는 성화 훈련이기 때문이다.

매독스(1988)는 웨슬리의 그리스도인 양육 모델을 회복하기 위하여, 영성 생활의 특성인 이론적 모델과 영성생활을 양육하기 위한 실제적 모델에 '도덕 심리학(moral psychology)'을 추가할 것을 제안하였다. 그는 단순하게 응답하는 사랑의 능력은 정서적인 것이며, 사랑하기 위하여 참아내는 것은 거룩한 기질이라고 설명하였다. 여기서 중요한 논점은 웨슬리의 가르침에 따르면, 하나님께서는 우리의 품성에 거룩한 기질을 일순간에 주입하지 않으신다는 것이다. 오히려 하나님의 갱생시키는 은총은 믿는 사람들 안에 이미 존재해 있는 덕의 '씨앗'을 일깨운다. 이러한 거룩한 덕의 씨앗들은 우리가 '은총 안에서 성장할 때' 더욱 건강한 형태를 갖추게 된다. 그러나 하나님의 은총의 능력 부여를 무시하거나 질식시킬 수 있기 때문에, 이 씨앗의 성장을 위해 하나님의 은총에 대한 우리의 책임 있는 협력이 요구된다. 이것은 하나님의 '은총'과 함께 두렵고 떨림으로 구원을 이루기 위한 우리 자신의 '행위'가 있어야 한다는 신학적 논리다.

매독스(1998)는 이와 같은 웨슬리의 성숙한 '도덕 심리학'이 토마스 아퀴나스의 습성적 덕의 모델(habituated virtue model)에 가장 가까이 접근하였다고 보았다. 또 위에서 언급한 웨슬리의 '정감적 도덕 심리학(affectional moral psychology, 사랑하기 위하여 참아내는 정서적이며 도덕적인 수련 - 역자 주)'은 성화된 마음의 성결과 거룩한 삶이, 은총의 수단을 사용하여 수련하고 양육할 때 성취될 수 있다는 그의 확신에서 비롯된 것이라고 보았다. 필자는 비록 웨슬리가 'Spiritual Exercises(영성수련)'이라는 단어를 사용하지는 않았지만, 이러한 은총의 수단들이 이미 영성수련의 한 형태라고 믿는다.

크리스텐센(Christensen, 1996)은 웨슬리가 동방정교회의 전통, 특히 데오시스(theosis, 神化: "ingodded," "becomming god," deification)의 개념과 관련하여 얼마나 큰 영향을 받았는지를 말한다. 그는 웨슬리의 성화의 교리가 인간의 완전(human wholeness)을 추구하는 동방교회의 신화(神化, theosis) 개념에서 나온 것이라고 주장한다. 신화 교리는 희랍어로 theosis, 영어로 deification이며, 행위로가 아니라 믿음으로 이 세상에서 하나님의 온전하심과 같이 온전해지는 기독자의 완전이 가능하다는 내적 확증이다. 그는 하나님에게서 받은 본래적 인간성과 축복에 대한 성서적 메시지를 인정하는 치유적 속죄론(therapeutic soteriology, 아담 이후 인간의 죄성을 그리스도의 십자가로 회복하고 매일 그리스도의 형상을 우리 몸에 이루는 성화를 위한 수련을 통해 구원을 이루게 될 때 아담 이전의 인간 본래의 성품, 즉 그리스도의 성품을 덧입게 된다는 것 - 역자 주)에 대한 동방교회의 강조점의 진가를 전적으로 인정한다. 웨슬리가 영향을 받은 동방정교회의 신화(神化) 교리에 대한 상세한 신학적 정리를 통해 감리교 신학을 재구성할 것을 필자는 제안한다. 그렇게 할 때 인간의 전인성 회복을 추구하는 한 부분으로서 점차 신화에 대한 웨슬리안-동방정교회의 비전에 도달할 수 있다. 웨슬리 신학에 대한 이러한 이해는 하나님의 성화시키시는 은총 안에서 인간의 참여를 강조하는 기초를 제공한다. 그리고 영성수련으로서의 은총의 수단을 폭넓게 사용하는 것에 대해 다시 생각할 수 있게 한다.

필자는 이 책 2부에 제시한 영성수련의 실제에서 할 수 있는 한 많은 은총의 수단을 사용했다. 즉 기도, 성서 묵상, 성만찬, 금식, 크리스천 교제(속회와 밴드), 묵상, 관상, 찬송, 일기 쓰기, 자아 성찰, 결단, 크리스천 고전 읽기 등이다.

B 은총의 수단을 사용한 웨슬리 영성수련 교재

많은 웨슬리 신학자들은 오늘날 우리의 영적 성장을 위하여 웨슬리의 은총의 수단을 어떻게 회복시킬 수 있는지를 제시하고자 웨슬리적 영성을 연구해 왔다. 하퍼(Harper, 1981)는 그의 박사학위 논문 "존 웨슬리의 영성생활(The Devotional Life of John Wesley, 1703-38)"에서 웨슬리의 영성생활, 즉 매일의 은총의 수단과 독서가 어떻게 웨슬리 생애 초기의 영성을 형성하게 되었는지를 연구하였다. 그는 이것이 웨슬리 자신의 회심과 18세기 후반에 영국 전역을 영성 운동으로 이끌어 갈 수 있게 한 기초가 되었다고 평가했다. 하퍼의 작업은 어떻게 웨슬리가 그의 영성을 발전시켰는지, 어떠한 영성적 전통이 그에게 영향을 미쳤는지, 그리고 그 당시에 은총의 수단이 그에게 어떠한 영향을 미쳤는지를 추적할 수 있는 훌륭한 자료를 제공했다. 하퍼의 연구는 경험을 하게 돕는 책이라기보다는 영성수련에 대한 정보를 제공하는 것이라고 하겠다.

스탱거(Stanger, 1989)는 그의 책 「개체 교회를 위한 영성수련(Spiritual Formation in the Local Church)」에서 그가 사역한 백주년 기념교회(Centenary Church) 목회를 통해 계속하여 성공적으로 실시했던 영성 구조에 대한 단계적 접근의 개요를 제시한다. 그는 성서 연구, 신학 연구, 경건 문학, 기도, 영성훈련, 청지기 정신, 간증, 복음주의, 봉사, 사회심리적 성장, 공동체 등의 영역에서 그리스도인의 성화 훈련에 사용되는 자료들을 제시한다. 이를 통해 전 교회 교인들의 영적 성장과 영성수련을 위한 교회의 계획과 필요성에 대한 인식을 일깨우고자 한다.

트레시 웨슬리(Tracy D. Wesley, 1987)는 그의 박사논문 "웨슬리의 영성수련: 웨슬리의 편지를 중심으로(The Wesleyan Way to Spiritual Formation: Christian Spirituality in the Letters of John Wesley)"에서 존 웨슬리의 영성수련의 통찰과 실습에 기초한 연구 과정을 만들었다. 이것은 신학을 연구하는 신학생이 영성수련에 대한 웨슬리적 방법과 실천을 이해하고, 가치를 인정하며, 경험하고, 이행하는 것을 돕는 데 목적을 둔다. 이 연구는 영성수련을 위한 웨슬리의 방법을 다른 이들에게 가르치기 위하여, 영성수련과 그리스도인 영성의 실천에 관한 풍부한 웨슬리적 유산에 대하여 보다 훌륭한 지식을 얻게 하는 지성적인 면에 초점을 맞추고 있다.

던냄(Dunnam, 1963, 1986, 1988)의 「구원을 향하여(*Going on Salvation*)」, 「**성령의 열매를 맺기 위한 매일의 워크북**(*The Workbook on Virtues and the Fruit of the Spirit, The way of Transformation: Daily Life as Spiritual Exercises*)」 등은 영적 성숙을 돕는 워크북이다. 왓슨(Watson, 1984)은 제자와 신도들의 모임에서의 속회 리더들의 역할을 위한 크리스천 제자화에 초점을 맞추었는데, 그의 책으로는 「**영적 책임을 위한 훈련**(*Accuntable Discipleship: Handbook for Covenant Discipleship Groups in the congregation*)」, 「**초기 감리교 속회**(*The early Methodist Class Meeting*)」, 「**속회 지도자**(*Class Leaders: Recovering a Tradition*)」 등이 있다. 김홍기의 「구원을 향한 순례」는 구원의 단계를 따라 공부할 수 있게 쓴 좋은 교재다. 그러나 이 책도 역시 영성수련 교재라기보다는 지성적인 깨달음에 초점을 둔 속회 공과용 연구 교재다.

이러한 학자들의 연구는 믿음에 대한 경험적인 접근을 간과한 채, 지성적인 면에 좀더 많은 관심을 기울였다. 지금까지 누구도 웨슬리의 가르침 안에서 영성수련을 발전시키려는 노력을 하지 않았다. 더구나 영적 발전의 단계로서 웨슬리의 '구원의 단계'에 대하여 숙고하지 않았으며, 영성수련에만 초점을 두고 집중 훈련할 수 있는 교재도 없는 형편이다. 필자는 위에서 언급한 이론적 배경을 바탕으로 그 동안 우리의 영성생활에서 부족했던 부분을 채우고, 동시에 영적 성장의 단계에 따른 영성수련의 집중 훈련을 창출하는 데에 목적을 두고 있다.

나오는 말

이 연구는 특히 개신교도로서 영적 성숙에 관심이 있지만 어떻게 자신의 영성을 계속 발전시켜 가야 할지 그 길을 모르는 사람들에게, 그리고 영적으로 길을 잃고 헤매는 사람들에게 언제든지 길잡이가 되어 줄 수 있다고 믿는다. 왜냐하면 필자 자신이 영적 갈증을 채우기 위해 감리교 창시자인 웨슬리의 영적 전통으로 돌아가 거기서 오랫동안 찾아 헤매던 보화를 발견했고, 그것을 기반으로 만든 영성수련이기 때문이다. 이렇게 만든 영성수련의 실제에 대한 안내서가 이 책 2부의 내용이다.

인간에게 주어진 가장 중요한 과제는 잃어버린 하나님의 형상을 회복하여 온전함(Wholeness)에 이르는 것이다. 다시 말해서 인간의 가장 중요한 과업은 변형(Transformation)을 통해 진실한 본래적 인간이 되는 것이다(Durckeim, 1976). 모든 전통을 망라하여 사람들은 이것을 가장 목말라했다. 이것은 헌신적이고 철저한 영성수련과 자기 성찰로 가능하다. 이 연구가 이런 영적, 인격적 성숙의 과정에 작은 기여가 되길 희망한다.

참고문헌

Assagioli, R. (1993). *Transpersonal development: The dimension beyond psychology*. San Francisco: The Aquarian Press. An Imprint Harper Collins Publisher.

Belenky, M., Clinchy, B., Goldberger, N. & Tarule, J. (1986). *Womens ways of knowing: The development of self, voice and mind*. NY: Basic Books.

Blevins, D. G. (1997). The means of grace: Toward a Wesleyan praxis of spiritual formation. *Wesleyan Theological Journal, 32*(1), 69-83.

Brewi, J. & Brennan, A. (1999). *Mid-life spirituality and Jungian archetypes*. Yorke Beach, ME: Nicolas Hays.

Brown, D. & Engler, J. (1986). The stages of mindfulness meditation: A validation study. In K. Wilber, J. Engler & D. Brown (Eds.), *Transformations of consciousness: Conventional and contemplative perspectives on development* (pp. 160-217). Boston: Shambhala.

Burwick, S. & Knapp, R. R. (1991). Advances in research using the POI. In A. Jones & R. Crandall (Eds.), Handbook of self-actualization (Special Issue). *Journal of Social Behavior and Personality, 6*, 311-320.

Byrd, R. (1988). "Positive Therapeutic Effects of Intercessory Prayer in a Coronary Care Unit Population" *Southern Medical Journal*, V. 81, N0. 7, 826-829.

Carmody, J. (1990). Spiritual discipline and growth. In R. J. Hunter (Ed.), *Dictionary of pastoral care and counseling* (pp. 1215-1217). Nashville, TN: Abingdon Press.

Chang, I. (1998). *Chinese transpersonal education: Effects on high school teachers and general public adults in Taiwan*. Unpublished doctoral dissertation. Institute of Transpersonal Psychology, Palo Alto, CA.

Christensen, M. J. (1996). Theosis and sanctification: John Wesley's reformulation of a patristic doctrine. *Wesleyan Theological Journal, 31*(2), 71-92.

Coleman, R. E. (Ed.) (1989). *The heart of Wesley's journal, John Wesley*. Grand Rapids, MI: Kregel Publications.

Collins, K. T. (1997). *The scripture way of salvation*. Nashville, TN: Abingdon Press.

Davies, R. (Ed.) (1989). *The bicentennial edition of the works of John Wesley: The Methodist societies: History, nature, and design, 9*. Nashville, TN: Abingdon Press.

Davies, R., George, A. & Rupp, G. (1988). *A history of the Methodist Church in Great Britain, 4*. London: Epworth Press.

Decker, J. N. & Griesinger, D. (1997). Mainline churches in decline: Turnaround strategies for United Methodists. *Quarterly Review*, Summer, 141-157.

Driskill, J. D. (1999). *Protestant spiritual exercises: Theology, history and practice*. Harrisburg, PA: Morehose Publishing.

Dunnam, M. D. (1996). *Going on to salvation: A study in the Wesleyan tradition*. Nashville, TN:

Discipleship Resources.

Dunnam, M. D. (1986). *The workbook on becoming alive in Christ*. Nashville, TN: The Upper Room.

Dunnam, M. & Reisman, K. (1999). *The workbook on virtues and the fruit of the spirit*. Nashville, TN: The Upper Room.

Durckheim, K. G. (1976). *The way of transformation: Daily life as spiritual exercise*. Boston: Unwin Paperbacks.

Dykstra, C. & Parks, S. (Eds.) (1986). *Faith development and Fowler*. Birmingham, AL: Religious Education Press.

Elkins, D. N., Hedsrom, L. J., Hughes, L. L., Leaf, J. A. & Saunders, C. (1988). Toward a humanistic-phenomenological spirituality. *Journal of Humanistic Psychology, 28*(4), 5-18.

Elkins, D. N. (1988). *Spiritual Orientation Inventory*. (Available from D. N. Elkins, Ph. D., Pepperdine University Center, 2151 Michelson Drive, Suite 165, Irvine, CA, 92715.)

English, J. (1973). *Spiritual freedom: From an experience of the Ignatian exercises to the art of spiritual direction*. Guelph, Ontario: Loyola House.

Fagen, N. L. (1995). *Elaborating dreams through creative expression: Experiences, accompaniments and perceived effects*. Unpublished doctoral dissertation. Institute of Transpersonal Psychology, Palo Alto, CA.

Fleming, D. L. (1978). *A contemporary reading of the spiritual exercises of St. Ignatius*. St. Louis, MO: The Institute of Jesuit Sources.

Foster, R. (1998). *Streams of living water: Celebrating the great traditions of Christian faith*. New York, NY: HarperSanFrancisco A Division of HarperCollins Publishers.

Fowler, J. W. (1981). *Stages of faith: The psychology of human development and the quest for meaning*. New York, NY: HarperSanFrancisco A Division of HarperCollins Publishers.

Fowler, J. W. (1985). John Wesleys development in faith. *The future of the Methodist theological tradition* (pp. 172-192). Nashville, TN: Abingdon Press.

Fowler, J. W. (1991). *Weaving the new creation: Stages of faith and the public church*. NY: Harper.

Fowler, J. W., Nipkow, K. & Schweitzer, F. (Eds.) (1991). *Stages of faith and religious development: Implications for church education and society*. NY: Crossroads.

Graff, R. W. & Bradshaw, H. E. (1970). Relationship of a measure of self-actualization to dormitory assistant effectiveness. *Journal of Counseling Psychology, 17*, 502-505.

Grof, S. & Grof, C. (Eds.) (1989). *Spiritual emergency: When personal transformation becomes a crisis*. Los Angeles: Jeremy P. Tarcher.

Hardon, J. A. (1991). Ignatian spirituality today. *Listening*, Fall, *26*: 200-210.

Harper, J. S. (1981). *The devotional life of John Wesley, 1703-38*. Unpublished doctoral dissertation. Duke University, Ann Arbor, MI.

Harper, J. S. (1983). *Devotional life in the Wesleyan tradition: A workbook.* Nashville, TN: The Upper Room.

Hathaway, S. R. & McKinley, J. C. (1943). *Manual for the Minnesota Multiphasic Personality Inventory.* NY: Psychological Corporation.

Hathaway, S. R. & McKinley, J. C. (1989). *Minnesota Multiphasic Personality Inventory-2.* Minneapolis, MN: University of Minnesota Press.

Heitzenrater, R. (Ed.) (1985). *Diary of an Oxford Methodist Benjamin Ingham, 1733-1734.* Durham, NC: Duke University Press.

Hollis, J. (1993). *The middle passage: From misery to meaning in midlife.* Toronto, CAN: Inner City Books.

Holsclaw, D. (1979). *The demise of disciplined Christian fellowship: The Methodist class meeting in nineteenth-century America.* Unpublished doctoral dissertation. University of California, Davis, CA.

Hong, L. (1993). *Evaluating a course in spiritual awakening: Changes in POI scores and self-report inventories.* Unpublished doctoral dissertation. Institute of Transpersonal Psychology, Palo Alto, CA.

Ilardi, R. L. & May, W. T. (1968). A reliability study of Shostrom's Personal Orientation Inventory. *Journal of Humanistic Psychology, 8,* 68-72.

Ivy, S. S. (1982). Stages of faith: The psychology of human development and the quest for meaning. *The Journal of Pastoral Care, 36* (4), 265-274.

Jackson, T. (Ed.) (1986). *The works of John Wesley, (Vols. 1-12).* Peabody, MA: Hendrickson Publishers.a

Johnson, B., Hoge, D. & Luidens, D. (1993). Mainline churches: The real reason for decline. *First Things, 31,* March, 13-18.

Jung, C. G. (1933). *Modern man in search of a soul.* NY: Harcourt, Brace & World.

Jung, C. G. (1990). *The archetypes and the collective unconscious* (trans. by R. Hull). Princeton, NJ: Princeton University Press.

Keating, T. (1997). *Open mind open heart: The contemplative dimension of the gospel.* NY: Continuum.

Keating, T. (1997). *Invitation to love.* NY: Continuum.

Kelley, D. M. (1972). *Why conservative churches are growing: A study in the sociology of religion.* NY: Harper & Row.

Kelley, S. M. (1998). A critical appraisal of Wilbers holarchical paradigm. In D. Rothberg & S. Kelley (Eds.), *Ken Wilber in dialogue: Conversation with leading transpersonal thinkers* (pp. 117-130). Wheaton, IL: Theosophical Publishing House.

Kennedy, J. E., Kanthamani, H. & Palmer, J. (1994). Psychic and spiritual experiences, health, well-being and meaning in life. *The Journal of Parapsychology, 58,* 353-383.

Kim, H. (1991). *The theology of social sanctification examined in the thought of John Wesley and in minjung theology: A comparative study.* Unpublished doctoral dissertation. Drew University, Madison, NJ.

Kim, J. & Lee, K. (1969). Ja-ah sil hyun gumsa *(The Korean edition of the Personal Orientation Inventory)* : *Silsi yoking.* Seoul: JungAng Juksung Chulpansa.

Klavetter, R. E. & Morgar, R. E. (1967). Stability and internal consistency of a measure of self-actualization. *Psychological Reports, 21,* 168-172.

Knapp, R. R. (1990). *Handbook for the Personal Orientation Inventory (2nd ed.).* San Diego, CA: Educational & Industrial Testing Service.

Knight III, H. H. (1987). *The presence of God in the Christian life: John Wesley and the means of grace.* Metuchen, NJ: Scarecrow Press.

Kornfield, J. (1993). Even the best meditators have old wounds to heal: Combining meditation and psychotherapy. In R. Walsh & F. Vaughn (Eds.), *Paths beyond ego: The transpersonal vision* (pp. 67-69). NY: G.P. Putnams Sons.

Kornfield, J. & Rothberg, D. (1998). The mandala of awakening. In D. Rotherberg & S. Kelly, (Eds.), *Ken Wilber in dialogue: Conversation with leading transpersonal thinkers* (pp. 154-164). Wheaton, IL: Theosophical Publishing House.

Kremer, J. (1998). The shadow of evolutionary thinking. In D. Rotherberg & S. Kelly, (Eds.), *Ken Wilber in dialogue: Conversation with leading transpersonal thinkers* (pp. 237-258). Wheaton, IL: Theosophical Publishing House.

Lauri, S. & Elkins, D. N. (1988, March). The Spiritual Orientation Inventory: Validity and reliability studies to date. In D. N. Elkins (chair), *Humanistic perspectives on existential issues: Death, dying, aging and spirituality.* Symposium conducted at the meeting of the California State Psychological Association, San Diego, CA.

Lazarus, I. (1985). *From Maslow to Muhammad: Maslows description of self-actualization delineated in the life of Muhammad, S. A. W. S.* Unpublished doctoral dissertation. Institute of Transpersonal Psychology, Palo Alto, CA.

Lukoff, D., Turner, R. & Lu, F. (1992). Transpersonal psychology research review: Psychoreligious dimensions of healing. *Transpersonal Psychology, 24,* 41-60.

Lukoff, D., Turner, R. & Lu, F. (1993). Transpersonal research review: Psychoreligious dimensions of healing. *Transpersonal Psychology, 25,* 11-28.

Maddox, R. L. (1994). *Responsible grace: John Wesley's practical theology.* Nashville, TN: Abingdon Press.

Maddox, R. L. (1998). Reconnecting the means to the end: A Wesleyan prescription for the holiness movement. *Wesleyan Theological Journal, 33*(2), 29-66.

Maslow, A. H. (1971). *The farther reaches of human nature.* NY: Viking.

McClain, E. W. (1970). Future validation of the Personal Orientation Inventory: Assessment of self-actualization of school counselors. *Journal of Counseling and Clinical Psychology, 35,* 21-22.

McMinn, M. & McRay, B. (1997). Spiritual disciplines and the practice of integration: Possibilities and challenges for Christian psychologists. *Journal of Psychology and Theology, 25,* 102-110.

Meeks, M. D. (Ed.). (1985). Wesleyan spirituality and faith development: Working group paper. *The future of the Methodist theological traditions* (pp. 193-208). Nashville, TN: Abingdon Press.

Merkur, D. (1997). Transpersonal psychology models of spiritual awakening. *Religious Studies Review, 23*(2), 141-147.

Outler, A. (Ed.) (1985). *The bicentennial edition of the works of John Wesley: Sermons, 2.* Frank Baker (Editor in Chief). Nashville, TN: Abingdon Press.

Outler, A. (Ed.) (1986). *The bicentennial edition of the works of John Wesley: Sermons, 3.* Frank Baker (Editor in Chief). Nashville, TN: Abingdon Press.

Putney, S. & Middleton, R. (1961). Dimensions and correlates of religious ideologies. *Social Forces, 39,* 285-290.

Puhl, L. J. (1951). *The spiritual exercises of St. Ignatius.* Chicago: Loyola Press.

Rack, H. D. (1989). *Reasonable enthusiast.* Philadelphia: Trinity Press International.

Ruumet, H. (1997). Pathways of the soul: A helical model of spiritual development. *Presence: The Journal of Spiritual Directors International, 3*(3), 6-24.

Santrock, J. (1997). *Life-span development.* Madison, WI: Brown & Benchmare.

Sherman, D. (1996). Nurses' willingness to care for AIDS patients, and spirituality, social support, and death anxiety. *Image: Journal of Nursing Scholarship, 28*(3), 205-213.

Schmidt, W. S. (1986). An ontological model of development. *Journal of Pastoral Care, 40*(1), 56-69.

Shostrom, E. L. (1963). *Personality Orientation Inventory.* San Diego, CA: Educational & Industrial Testing Service.

Shostrom, E. L., Knapp, L. & Knapp, R. (1976). *Actualizing therapy: Foundation for a scientific ethic.* San Diego, CA: Edits.

Stanger, F. B. (1989). *Spiritual formation in the local church.* Grand Rapids, MI: Francis Asbury Press of Zondervan Publishing House.

Tam, E. P. (1996). Faith development theory and spiritual direction. *Pastoral Psychology, 44*(4), 251-263.

Tapp, J. T. & Spanier, D. (1973). Personal characteristics of volunteer phone counselors. *Journal of Consulting and Clinical Psychology, 41,* 245-250.

Tart, C. (1983). *States of consciousness.* El Cerrito, CA: Psychological Processes.

Telford, J. ed (1960), *The Letters of the Rev. John Wesley*(1931; reprint, London: Epworth, 1960), 4

Tloczynski, J., Knoll, C. & Fitch, A. (1997). The relationship among spirituality, religious ideology, and personality. *Journal of Psychology and Theology, 25*(2), 208-213.

Tuttle, R. G. (1989). *Mysticism in the Wesleyan tradition.* Grand Rapids, MI: Francis Asbury Press of Zondervan Publishing House.

Underhill, E. (1974). *Mysticism.* NY: The Penguin Group.

Vaughan, F. (1995). *Shadows of the sacred: Seeing through spiritual illusions.* Wheaton, IL: Quest Books.

Wade, J. (1996). *Changes of mind: A holonomic theory of the evolution of consciousness.* Albany, NY: State University of New York Press.

Washburn, M. (1995). *The ego and the dynamic ground: A transpersonal theory of human development.* Albany, NY: State University of New York Press.

Watson, D. (1984). *Accountable discipleship: Handbook for covenant discipleship groups in the congregation.* Nashville, TN: Discipleship Resources.

Watson, D. L. (1985). *The early Methodist class meeting.* Nashville, TN: Discipleship Resources.

Watson, D. (1991). *Class leaders: Recovering a tradition.* Nashville, TN: Discipleship Resources.

Watson, D. (1991). *Covenant discipleship: Christian formation through mutual accountability.* Nashville, TN: Discipleship Resources.

Watson, D. (1991). *Forming Christian disciples: The role of covenant discipleship and class leaders in the congregation.* Nashville, TN: Discipleship Resources.

Weakly, C., Jr. (Ed.) (1977). *The nature of spiritual growth: John Wesley.* Minneapolis, MN: Bethany House Publishers.

Weiss, A. S. (1991). The measurement of self-actualization: The quest for the test may be as challenging as the search for self. In A. Jones & R. Crandall (Eds.) (Special Issue), *Journal of Social Behavior and Personality, 6*(5), 265-290.

Wesley, T. D. (1987). *The Wesleyan way to spiritual formation: Christian spirituality in the letters of John Wesley.* Unpublished doctoral dissertation. San Francisco Theological Seminary, San Anselmo, California.

Wilber, K. (1980). *The atman project: A transpersonal view of human development.* Wheaton, IL: Theosophical Publishing House.

Wilber, K. (1996). *A brief history of everything.* Boston: Shambhala.

Wilber, K. (1997). *The eye of spirit.* Boston: Shambhala.

Wilber, K. (1999). Spirituality and developmental lines: Are there stages? *The Journal of Transpersonal Psychology, 31*, 1, 1-10.

Williams, C. (n. d.). *John Wesley's theology.* Nashville, TN: Abingdon Press.

Wright, P. A. (1998). Gender issues in Ken Wilbers transpersonal theory. In D. Rotherberg & S. Kelly (Eds.), *Ken Wilber in dialogue: Conversation with leading transpersonal thinkers* (pp.

207-236). Wheaton, IL: Theosophical Publishing House.

Wright, P. A. (1998). Difficulties with integrating the feminine. In D. Rotherberg & S. Kelly (Eds.), *Ken Wilber in dialogue: Conversation with leading transpersonal thinkers* (pp. 388-391). Wheaton, IL: Theosophical Publishing House.

Yrigoyen, C., Jr. & Daugherty, R. (1996). *John Wesley: Holiness of heart and life and study guide.* NY: Mission Education and Cultivation Program, Department for the Women's Division, General Board of Global Ministries, The United Methodist Church.

제2부 _ 웨슬리 영성수련의 실제

I. 영성수련을 위한 오리엔테이션

A 개요

모든 영성수련은 하나님께서 부재하신다는 극적인 착각을 줄이기 위하여 만든 의도적인 훈련이다. 정기적으로 훈련하고 실천하면 하나님의 현존을 가까이 느끼며, 믿음과 영적 성숙을 이루는 데 도움을 준다. 영성수련은 몸을 강하게 하는 다양한 신체적 훈련이나 운동과 같이 영혼을 강건하게 한다. 또한 이미 현존하시고 편만하신 하나님의 함께하심을 깨닫고 좀더 하나님께 초점을 두고 살 수 있게 도와준다.

웨슬리는 하나님께서 주신 은총의 수단이 있다고 믿었다. 그 수단들을 통해 우리는 하나님의 현존을 경험할 수 있으며 그에 응답할 수 있다고 가르쳤다. 하나님의 현존과 함께 그리스도에게까지 자라나는 성화, 곧 작은 예수화를 위해 영성수련이라는 은총의 수단을 웨슬리는 강조하였다. 이 영성수련은 은총의 수단을 활용하게 만들었으며, 웨슬리의 신학적 바탕과 이해를 기초로 현대인들에게 맞게 구성하였다.

B 영성수련의 구조

이 영성수련은 7주 집중 훈련 프로그램이다. 매주 웨슬리의 영성 발달인 '구원의 질서'의 단계별 주제에 따른 말씀 묵상과 기도로 구성되었다. 그리고 매주의 영성수련은 그룹 영성수련과 개인 영성수련으로 나누어져 있다. 그룹 영성수련은 서로 영적 책임을 지는 영적 돌봄의 수단으로 그룹이 모여서 영성수련을 하며 개인 수련을 위한 영적 지도, 영성수련 배우기와 더불어 나눔의 시간을 갖는다. 영성수련의 순서는 웨슬리의 영성 발달의 단계인 선재적 은총, 회개의 은총, 의롭다 하심의 은총, 거듭남의 은총, 성화의 은총, 기독자의 완전이라는 순서와 그 주제에 따른다.

이 영성수련은 웨슬리 영성의 중심인 두 요소, 즉 개인적 경건을 연습하는 개인적 영성수련과 공동으로 경건을 연습하는 그룹 영성수련으로 나뉘어져 있다. 이것은 다시 믿음의 내적 수련으로서의 경건의 훈련(Works of Piety)과 외적 수련으로서의 자비의 훈련(Works of Mercy)으로 구분된다. 웨슬리는 이러한 훈련들이 영적 성숙과 성화 훈련을 위해 반드시 필요하다고 믿었다.

웨슬리는 모든 종류의 기도를 하라고 가르쳤다. "모든 종류의 기도, 즉 공중기도, 개인기도, 정신적 기도, 구송기도를 하십시오(Wesley, 1987, 540)." 또한 명상을 거룩한 생활의 원천으로 생각하여 수련을 발전시켰다. 명상은 웨슬리 영성수련의 심장이었다. 그는 명상을 통해 자기 자신을 좀더 알게 된다고 했는데, 자신을 아는 지식은 명상의 중요한 목적이기도 했다. 자아 성찰도 역시 자신을 아는 지식을 위한 중요한 수단이 되었다(Heizenrater, 1985, 19). 갬볼드(J. Gambold)의 편지에는 웨슬리의 명상기도에 관한 기록이 있다.

> 그가 추천한 마지막 은총의 수단은 명상이었다. 명상은 순간적으로가 아니라 상당한 시간 동안 하나님께 깊이 집중하게 도와준다. 명상을 통해 하나님을 알아 가며 그분과 교제하게 된다. 그들이 명상하는 시간은 보통 저녁식사 바로 전 한 시간이었다.(Davies, George, & Rupp, 1988, 10-11)

웨슬리는 말씀 묵상을 따로 가르치는 대신 "명상은 홀 감독(the Bishop

Joseph Hall)과 리처드 박스터(Richard Baxter)의 가르침을 따르라"고 권했다고 1744년 6월 29일 금요일의 감리교 연회록에 기록되어 있다(Minutes of the Methodist Conference, 1812, 17). 필자가 추측하기로는 그 당시에 이미 많은 말씀 묵상 방법이 소개되어 이에 대해 잘 알고 있었기 때문에 따로 가르칠 필요가 없었던 것 같다. 홀 감독과 박스터는 이미지를 사용한 명상을 포함하여 다양한 종류의 명상을 가르친 것으로 평가된다(Huntley, 1981, 44-48). 사실 그 두 사람의 명상 방법은 성경 묵상, 자연을 명상함, 솔리로퀴(Soliloquy),[9] 관상기도 등이었다.(Baxter, 1962; Hall, Huntley, 1981)

헌틀리(Huntley)는 홀 감독이 예수회의 신학적 노선을 반대하였지만 이냐시오의 영성수련은 홀에게 영향을 주었다고 주장하였다(Huntly, 1981, 55). 그래서 그는 예수님의 삶에만 초점을 둔 이냐시오의 묵상 방법과 구별해서 자신이 가르치는 이미지 묵상은 창조물인 자연을 개신교적인 시적 상상력을 통해 수천 개의 다양한 방법으로 묵상할 수 있게 한다고 가르쳤다.(1981, 45)

이와 같이 웨슬리는 포괄적인 영성신학과 다양한 영성수련을 실천하고 가르쳤다(Harper, 1981; Wesley, T., 1987). 이를 모범으로 삼아 필자는 기독교 전통에 뿌리를 둔 신비주의를 포함한 많은 전통에서 다양한 형태의 기도와 명상을 자유롭게 선택하여 수련할 수 있게 영성수련을 정리했다. 그러므로 이 영성수련을 마치게 되면 자연스럽게 자신에게 맞는 기도와 말씀 묵상을 선택하여 계속 수련할 수 있게 될 것이다.

---

9. 솔리로퀴(Soliloquy)는 자기 자신에게 설교하는 것이다. 우선 묵상을 위한 말씀의 주제와 그 말씀의 난해함을 자신에게 설명하고 성서적 합리성을 규명하며 그 말씀을 묵상하는 중에 믿음을 더욱 견고히 한 후 그 안에서 쉼을 갖는 명상법이다.

🄲 영성수련을 위한 준비

1. 우선 영성수련을 준비하는 지도자 준비 팀을 만들고, 지도자 기도회 및 연구 모임을 진행해 나간다. 영성수련을 실시하기 3개월 전부터 기도로 준비 팀을 꾸려 운영하는 것이 좋다. 지도자 한 사람 당 학생 10명을 넘지 않는 범위에서 지도자를 모집한다.

2. 지도자가 두 사람일 수도 있고 한 사람, 혹은 네다섯 명일 수도 있다. 정해진 시간에 만나 함께 영성수련 교재를 연구하고 기도로 준비한다. 일주일에 한 번, 두 시간 정도면 적당하다. 웨슬리의 영성적 이론과 영성수련의 실제, 특히 여러 형태의 기도 방법들을 함께 수련하고, 이 교재와 참고 서적을 읽고 연습한다. 그리고 교회 형편에 따라 수정이 필요하면 모두가 충분히 이해할 수 있게 정리, 숙지하여 혼돈 없이 분명한 지침에 따라 영성수련을 시작할 수 있게 한다.

3. 지도자 기도회와 연구 모임이 차질 없이 진행되고 영성수련 일정이 확정되면 지도자들이 동의하는 적당한 시간(적어도 한 달 정도 기도하고 준비한 후)에 수련 희망자를 모집하는 광고를 한다. 이 때 영성수련에 대한 자세한 안내와 광고가 필요하다.

4. 이 영성수련은 집중 훈련이므로 이 기간에 여행이나 다른 계획이 있는 사람에게는 다음 기회에 참여할 것을 권한다. 반드시 집중 훈련을 위한 준비가 된 사람만 수련에 임하게 한다.

5. 지도자는 반드시 개인 면담을 통해 영성수련에 임하는 자세, 개인적인 일정 등을 점검하고, 기도하며 기대하고 준비할 수 있게 도와야 한다.

6. 지도자 팀은 영성수련을 위한 규칙을 만든다.(예를 들면, 지각이나 결석에

관한 규칙 - 한 번이라도 결석하면 더 이상 영성수련을 계속할 수 없으며, 다음 기회에 다시 참여한다 등, 합리적이고 철저한 규칙이 필요하다)

7. 그룹 영성수련을 위해서는 2시간이 필요하다. 형편에 따라 2시간 30분 정도로 연장할 수도 있다. 이것을 미리 수련 예비자들에게 알려 주고, 다시 한 번 마음의 준비를 강조한다.

8. 지도자는 수련에 참여할 사람들을 위해 기도하면서 철저히 준비한다.

9. 경건의 일기장을 준비하게 안내한다.

🅓 여러 형태의 기도

우선 지도자는 아래에 제시된 여러 형태의 기도를 충분히 습득하고 수련하여야 한다. 기독교 전통에는 다양한 형태의 기도들이 있다. 웨슬리는 자기 성찰, 공동기도, 기도모음집, 공중기도, 화살기도, 일반적 질문, 특별한 질문, 명상기도, 관상기도, 잠심의 기도, 금식기도 등을, 이냐시오는 양심 성찰, 준비기도, 이미지 명상기도, 콜로퀴(주님과의 대화), 관상기도 등을 실천하고 가르쳤다. 다음에 열거한 기도와 말씀 묵상은 기독교 전통에서 가장 잘 알려진 형태들이다.

1. 성서와 함께 기도하기[10]
기독교 전통에서 하나님의 말씀을 묵상하는 일반적인 방법을 정리한 것이다.

---

10. '성서와 함께 기도하기'는 기독교 전통에서 가장 많이 알려진 말씀 묵상을 A. Nigro와 J. Christensen이 정리한 것이다.

1) 하나님께서 우리에게 먼저 말씀하십니다.

하나님은 우리를 아시고 우리를 사랑하십니다. 그분은 우리와 말씀 나누기를 원하며 교제를 간절히 바라십니다. 하나님은 우리에게 계속해서 말씀하시며 여러 가지 모양으로, 예수 그리스도를 통하여, 그리스도의 몸인 교회를 통하여, 성서 말씀을 통하여, 자연과 하나님의 창조물을 통하여, 우리의 일상적인 삶을 통하여, 다른 사람과의 대화를 통하여 하나님 자신을 나타내십니다.

2) 하나님은 하나님의 말씀을 듣도록 우리를 초청하십니다.

하나님은 성령으로 우리 안에 거하십니다. 성경 말씀을 통해 말씀하시고, 우리 안에서 우리를 위해 기도하십니다. 하나님의 말씀을 듣기 위해서는 말씀을 듣는 훈련이 필요합니다. 하나님의 말씀을 듣기 위해 성경 말씀을 붙들고 기도하는, 말씀 묵상이 기본적으로 필요합니다.

3) 하나님의 음성을 듣기 위해서는 훈련이 필요합니다.
- 기도할 때는 조용한 시간과 장소를 선택하십시오.
- 편안한 자세와 기도하는 몸가짐으로 임하십시오. 그러나 너무 편안해서 잠에 빠질 수 있는 자세는 피하기 바랍니다.
- 예수님은 기도하기 위해 자주 조용한 장소로 가시고, 골방에 들어가서 기도하라고 하셨습니다. 조용히 침묵할 장소와 시간을 준비하십시오.
- 몸의 긴장을 풀고 말씀을 묵상하십시오.(몸이 긴장되면 잡념이 더 많이 생깁니다)
- 모든 염려와 걱정을 하나님께 맡기고 자유로운 마음으로 기도에 임하십시오. 하나님께 맡김으로 기도가 막히지 않게 하십시오.
- 어떤 느낌이 생기는지 어떤 감각을 느끼는지 자신을 살펴보십시오. 하나님의 말씀이 육신이 되었으므로 하나님은 소음과 혼돈 속에서도 말씀하실 수 있음을 기억하십시오. 기도 중에 혼돈 가운데서도 하나님의 음성을

들을 수 있음을 경험할 것입니다.

• 당신이 하나님의 형상대로 지음 받았다는 사실을 기억하고 감사하는 마음으로 기도하십시오.

4) 성서와 함께 기도하기 위하여

• 우선 몸과 마음이 편안한 자세로 하나님 앞에 마음을 모으고 성경 말씀을 천천히 주의 깊게 읽으십시오.

• 한꺼번에 많은 분량을 읽으려고 하지 마십시오. 이 시간은 성경에 대해 배우는 성경 공부 시간이 아님을 기억하십시오.

• 성경 말씀이 예수님의 생애를 설명하는 것이라면 그 이야기의 신비 속에 그저 거하십시오. 그리고

- 예수님이 말씀하시게 하십시오. 당신의 현재 상황에 대해 예수님이 무슨 말씀을 하시는지 주의 깊게 들으십시오. 그분이 당신의 기쁨에 대해, 아픈 상처에 대해, 현재 필요한 부분에 대해 무엇이라고 말씀하십니까?

- 성서 이야기 중에 나오는 인물로 당신을 생각해 볼 수 있습니다. 그리고 그 속에서 예수님이 무엇이라고 말씀하시는지 들어 보십시오. 좀더 잘 듣기 위해서는 당신의 오감을 동원하여 성서 이야기 속으로 들어가서 상상의 눈으로 주변을 보고 소리를 듣고 냄새를 맡아보는 것이 도움이 될 것입니다.

- 성경 말씀을 그저 천천히 읽어 보십시오. 그리고 그 말씀의 단어 하나하나 구절 하나하나가 마음에 다가오며 가슴에 와 닿도록 말씀을 새기면서 말씀 안에 조용히 머무십시오.

5) 말씀에 대한 응답

• 말씀에서 하나님의 은혜를 경험하십시오. 어떤 단어나 구절이 마음에 와 닿을 수도 있을 것입니다. 그 말씀의 단맛을 보고 은혜를 받기 바랍니다.

- 어쩌면 시편이나 다른 성서의 말씀이 떠오르면서 더 깊은 말씀 묵상을 경험할 수도 있습니다.
- 전에 보이지 않던 예수님의 모습을 볼 수도 있고, 예수님이 아주 가까이에서 속삭이듯 말씀하시는 것을 들을 수도 있으며, 하나님의 사랑을 깊이 느끼고 밀려오는 평화와 기쁨을 경험할 수도 있습니다. 때로는 예수님의 책망의 말씀과 용서를 경험할 수도 있고, 마음이 너무 복잡해져서 기도할 수 없는 형편에 처할 수도 있습니다.
- 마음에 와 닿는 말씀이 있으면 그 말씀 안에 좀더 오래 머무십시오. 말씀을 모두 한꺼번에 묵상하거나 읽어야겠다는 조급한 마음을 접어 두고 감동되는 말씀의 맛으로 즐거워하기 바랍니다.
- 말씀을 읽으면서 아무런 감동이나 느낌이 없다고 걱정하지 마십시오. 그냥 말씀을 읽고 그 말씀 안에 거하십시오. 하나님께서는 때때로 마른 땅과 같은 무의미한 상태를 경험하게도 하십니다. 이것은 우리의 노력이나 능력으로 하나님의 말씀을 들을 수 있는 것이 아니라 전적으로 하나님께서 베풀어 주시는 은혜임을 깨우쳐 주는 기회입니다. 그러나 기억해야 할 것은 하나님이 계시지 않는 것과 같은 상황에서도 그분은 우리 가까이에 계신다는 사실입니다. (시편 139:7-8)
- 하나님께서는 기도할 능력이 없는 우리의 모습을 그대로 받아 주십니다. 하나님의 말씀을 들으려는 겸손한 자세, 그것이 하나님 앞에서 가장 중요합니다.
- 기도할 때에는 긴장을 푸십시오. 하나님께서 함께 계신 것을 느끼고 만족하십시오. 당신의 기쁨, 슬픔, 희망과 기대 등을 하나님께 가져오십시오.

6) 기도를 위한 다섯 가지 P(Five P's of Prayer) : 기독교 전통은 기도하기 위해서는 다섯 가지 P가 필요하다고 가르쳤습니다.
- 성서 말씀(Passage)을 택하십시오.

- 하나님께서 함께 계심을 느낄 수 있는, 방해받지 않고 기도할 수 있는 장소를 찾으십시오. 그리고 그 장소(Place)에서 규칙적으로 기도하십시오.
- 잠에 빠지지 않으면서도 긴장하지 않고 가장 편안하게 기도할 수 있는 올바른 자세(Posture)를 찾으십시오.
- 진심으로 하나님과 함께하려는 심정으로 하나님의 현존(Presence)을 느끼십시오.
- 말씀을 천천히, 침묵으로, 혹은 크게 주의하여 읽으면서, 성경 말씀을 붙잡고 기도(Pray)를 시작하십시오.

7) 기도를 마칠 때
- 하나님과의 관계가 깊어지고 하나님께서 함께 계심에 감사함으로 기도를 마치십시오. 오늘 하루의 남은 시간에도 하나님께서 매순간 당신과 동행하실 것을 믿기 바랍니다.

2. 말씀 묵상(본회퍼의 묵상법)[11]

본회퍼 목사는 세계 2차 대전 중 나치즘을 반대하여 히틀러 암살단에 가입하였다는 이유로 36세의 젊은 나이에 단두대의 이슬이 된 20세기의 순교자로 알려져 있다. 사회정의를 위한 그의 이와 같은 참여와 결단은 지극히 신앙적인 것이었는데, 그가 매일 행한 말씀 묵상은 이러한 신앙을 형성하는 데 큰 역할을 했다. 그는 뉴욕에 있는 유니온 신학교의 초청을 받아 1년 간 객원교수로서 학생들을 가르쳤다. 그 때 계속 교수로 머물러 줄 것을 제안 받았지만, 이를 뿌리치고 고통당하고 있던 독일교회로 돌아갔다. 그리고 그 당시 홀로 양심을 지켰던 독일의 고백교회가 운영하는 지하신학교를 맡아달라는 청을 받아들였다.

---

11. Dietrich Bonhoeffer, Meditating on the Word (edited & translated by David Mc I. Gracie), NY, NY: Walker & Company, 1987, 41-57.

고백교회의 신학생들이나 목회자들은 나치 권력 앞에서 용감하게 항거하며 그들의 신앙 양심을 지키기 위해 목숨을 걸고 투쟁한 사람들이었다. 하지만 목숨을 걸고 사회정의를 외치는 지하신학교 학생들이 기도를 등한시하는 것을 본 그는 모든 수업을 중지하고 하루에 30분씩 다음과 같은 말씀 묵상 방법으로 기도하게 가르쳤다.

1) 말씀 묵상 방법

- 사랑하는 사람이 한 말이나 어귀를 계속 생각하는 것과 같이 성경 말씀을 묵상하십시오.
- 말씀을 세밀하게 분석하거나 분해하지 말고 그대로 받아들이십시오. 그리고 그 말씀을 마음으로 생각하고 묵상하십시오.
- 묵상 중에 말씀을 다른 사람에게 가르쳐야겠다는 생각을 하지 말고 자신에게만 집중하여 자신에게 주시는 하나님의 말씀으로 받아들이십시오.
- 읽은 본문을 모두 묵상하려고 하지 말고 한 단어나 어귀를 하루 종일 묵상하십시오. 말씀이 하루의 삶을 이끌어 가게 맡기십시오.
- 묵상 중에 떠오르는 사람이 있으면, 그 때 그 사람을 위해 아주 간단히 기도하십시오. 묵상 중에 그 사람을 위해 어떤 기도를 할 것인지 성령의 인도를 받는 기회가 됩니다. 그러나 중보기도 때문에 자신의 영혼을 위한 말씀 묵상이 방해받지 않게 조심하십시오.

2) 말씀 묵상과 집중을 위하여

- 매일 15분 이상 묵상하는 훈련이 필요합니다.
- 인내심이 필요합니다.
- 여러 가지 생각 때문에 집중할 수 없다고 쉽게 낙심하지 말고 계속 노력해 보십시오. 매일 자리에 앉아서 인내심을 가지고 기다리십시오.
- 곧 자신에게 맞는 은혜의 시간과 방법을 발견하게 될 것입니다. 매일 같

은 말씀을 씹고 되새기고 말씀의 맛을 보는 시간을 가지십시오. 같은 말씀을 며칠 동안 묵상하십시오. 그 말씀을 자연히 외우게 될 것입니다.

- 일주일에 10-15절 정도의 말씀이 적합하며, 매일 다른 말씀으로 바꾸지 마십시오.

3) 하나님과 대화할 때 다음 네 가지를 기억하십시오.

- 모든 것에서 자유로운 마음으로 하나님 앞에 경건하게 나아가십시오. 이렇게 하기 위해서는 하나님께 올바르고 순수하게 기도하지 못하게 하는 생각과 마음을 말끔히 제거해야 합니다. 정신적인 산만함과 분주한 생각에서 자유하십시오. 당신의 마음이 경외, 찬양, 하나님의 거룩하신 임재에 열릴 수 있게 노력하십시오.
- 진지함과 겸허한 마음으로 기도하십시오. 남에게 보이거나 듣게 하기 위한 형식적인 기도를 하지 마십시오. 기도문을 멋있게 암송하거나 중언부언하는 식의 기도를 피하십시오.
- 하나님 앞에 겸손히 서서 죄를 고백하십시오. 그리고 하나님의 용서와 자비를 구하십시오.
- 당신의 기도가 응답될 것을 믿고 확신하십시오.

3. 이미지기도(Pray with Imagination)[12] - 로욜라의 이냐시오의 기도

이 기도 방법이 새롭게 느껴질지 모르지만, 사실은 역사적으로 많은 믿음의 선배들과 존 웨슬리가 이 묵상 방법을 사용했다. 웨슬리는 말씀 묵상은 홀 (Joseph Hall) 감독과 리처드 박스터(Richard Baxter)와 같이 하라고 가르쳤다 (Minutes of the Methodist Conference, 1812, 17). 그들의 묵상 방법은 거의 성서

---

12 D. L. Fleming, A Contemporary Reading of the Spiritual Exercises of St. Ignatius, (St. Louis, MO: The Institute of Jesuit Sources, 1978)를 참조하시오.

와 자연에 대한 상상력을 통한 말씀 묵상이었다. 이것은 예수회의 창시자이며 영신수련으로 널리 알려진 이냐시오(Ignatius of Loyola) 성인이 많이 사용한 기도 방법이기도 하다. 그는 우리의 오감, 즉 시각, 미각, 후각, 청각, 촉각 모두를 사용하여 하나님의 말씀을 가지고 기도하는 것을 가르쳤다.

1) 묵상 방법

- 성경 말씀을 함께 읽으십시오. 그리고 조용히 눈을 감으십시오.
- 할 수 있는 대로 생생하게 성서의 장면을 마음으로 그려 보십시오.(날씨, 시간 등)
- 그 안에 있는 자신을 보기 위해 노력하십시오.
- 성서의 한 인물로, 혹은 관객이나 관찰자로 자신을 그려 보십시오. 그리고 그 안에서 무엇이든 해 보십시오. 예수님과 자유롭게 말씀을 나누어 보아도 좋습니다. 자신을 풍성한 상상의 세계로 자유롭게 이끌어 가십시오.
- 성서는 예수님을 만나는 출발점이 될 것입니다.
- 중요하게 생각되며, 감동으로 마음을 흔들어 놓는 말씀이나 생각이나 이미지가 있는지 주의 깊게 보십시오.
- 그런 말씀이나 이미지가 있으면 거기에 오래 머물면서 하나님의 은혜를 즐기십시오.

2) 이미지를 통한 말씀 묵상을 위한 도움의 말

- 구체적으로 마음에 어떤 것을 그리려고 노력하지 마십시오.
- 단순히 말씀의 주제를 생각하고 그 장면 안으로 들어가십시오. 예를 들면
  - 자연 풍경, 산, 골짜기, 바다, 강 등을 떠올리고, 실내인지 혹은 실외인지, 시골인지 도시인지를 생각해 보십시오.
  - 시간도 구체적으로 낮인지 밤인지, 어떤 계절인지, 날씨는 더운지 추운지 비가 오는지 등을 생각해 보십시오.

- 혹시 음식 냄새, 동물 혹은 향수 냄새 등이 나는지, 무슨 소리가 들리지는 않는지 생각해 보십시오.
- 혹시 그 곳에 누가 있습니까? 있다면 얼마나 많은 이들이 있습니까?
- 그들은 어떠한 모습입니까? 앉아 있는지 서 있는지 누워 있는지, 가까이에 있는지 멀리 있는지 생각해 보십시오.
- 그들은 무엇을 하고 있습니까? (함께 있는지 아니면 서로 떨어져 있는지 등)
- 그들은 무슨 말을 하고 있나요? 어떤 분위기입니까? (긴장, 축제, 분노, 슬픔 등)
- 그 장면 안에서 당신은 어디에 있습니까? 당신은 예수님의 눈으로 이 장면을 보고 있습니까, 아니면 제자의 눈으로 보고 있습니까? 당신이 주역입니까, 혹은 군중의 한 사람입니까?
- 사람들의 얼굴 표정을 보십시오.
- 예수님의 말씀을 들으십시오. 사람들의 이야기 소리가 들립니까?
- 어떤 냄새가 납니까?
- 어떤 감각이나 촉감이 느껴지지는 않습니까?
- 음식이나 음료의 맛을 느낄 수 있습니까?

3) 예수님과의 대화
- 이미지를 통한 말씀 묵상이 끝나면 무엇을 경험했는지 예수님과 대화를 시작해 보십시오.
- 친구에게 이야기하듯 예수님에게 말씀하십시오. 이것은 무엇을 부탁하거나 요구하는 종류의 기도 형식이 아닙니다. 당신 자신의 경험을 말하면서 자신을 좀 더 열어 보이는 과정입니다.
  - 예수님에게 내가 경험한 어떤 것에 대해 말하기를 원하는지 생각해 보

십시오.
- 예수님은 그것에 어떻게 반응하셨습니까? 기뻐하셨나요, 슬퍼하셨나요, 화를 내셨나요, 괴로워하셨나요? 말씀을 들으려고 노력하거나 그림처럼 보려고 하지 마십시오. 이와 같은 질문을 가지고 예수님의 모습을 생각해 보십시오.
- 예수님의 어떤 반응이 당신을 화나게, 혹은 기쁘고 행복하게, 혹은 슬프게 했는지 예수님에게 크게 말하십시오. 그리고 다시 예수님이 하시는 말씀을 들어 보십시오.
- 나는 예수님에게 _____ 라고 말씀을 드린다.
  예수님의 반응은 _____ 인 것 같다.
  그 말씀은 내게 _____ 을 느끼게 한다.
  나는 예수님에게 _____ 라고 말씀드린다.
  예수님은 _____ 라고 대답하신다.
• 이와 같은 방법으로 예수님과 대화를 계속하십시오.

* 그 외에 아래와 같이 질문을 해 볼 수도 있습니다.

4) 예수님에게 초점을 맞추어서
• 예수님이 어떤 모습으로 보입니까? (당당하게, 친절하고 부드럽게, 강하게, 가까이, 멀리 등)
• 예수님의 분위기는 어떻습니까? 예수님은 행복해 보입니까, 아니면 어떤 상태로 보입니까?
• 예수님은 지금 당신에게 무엇을 하기를 원하십니까?
• 예수님은 지금 당신과 함께 계시면서 무엇을 원하십니까?
• 예수님은 당신에 대해서는 어떻게 생각하십니까?
• 예수님은 당신의 어떤 점을 좋아하십니까?

5) 자신의 느낌에 초점을 맞추어서

• 당신은 지금 예수님이 당신에게 하시는 말씀을 좋아합니까?

• 당신은 예수님의 말씀에 대해 어떤 것은 좋고 어떤 것은 싫다고 자유롭게 말할 수 있습니까?

• 예수님에 대한 당신의 느낌을 그분에게 자유롭게 말할 수 있습니까?

• 자유롭게 말할 수 없다면 무엇 때문인지, 당신이 무엇을 두려워하는지 예수님에게 말할 수 있습니까?

• 예수님이 당신을 존귀하게 여기시는 것을 느낄 수 있습니까?

• 예수님이 당신의 느낌을 알아주시는지 깨달을 수 있습니까?

• 당신은 예수님에게 무엇을 가장 원합니까?

6) 마음의 귀를 깨끗이 하기 위하여

예수님이 하시는 말씀을 듣는 것은 쉬운 일이 아닙니다. 예수님이 더욱 분명하게 말씀하시도록 마음을 열기 위해 다음의 질문이 도움이 될 것입니다.

• 진실로 예수님이 당신에게 말씀하시기를 원합니까?

• 당신은 예수님이 어떤 말씀을 하실까 봐 두려워하지는 않습니까?

• 예수님은 당신의 부모님이 말씀하셨던 것과 비슷한 말씀을 하십니까?

• 이 정황에서 당신은 무엇을 원합니까?

• 예수님이 당신의 느낌과 염려를 진지하게 받아들이실 것이라고 생각합니까?

4. 렉치오 디비나(Lectio Divina)[13]

렉치오 디비나는 라틴어로서 '거룩한 독서' 라는 뜻이며, 기독교의 가장 오

---

13. Thelma Hall, Too Deep for the Words: Rediscovering Lectio Divina (N.Y: Paulist Press, 1988)를 참고하시오.

래되고 고전적인 말씀 묵상 방법이다.

1) 말씀 묵상 방법

- 1단계(렉치오 Lectio, 성경 말씀을 읽는 단계) : 말씀 읽기

  마음의 눈으로 성경 말씀을 천천히 읽으십시오. 처음에는 소리 내어 읽은 후 침묵으로 두세 번 더 읽으십시오. 이것은 마치 과일을 입에 넣는 것과 같습니다. 그리고 마음에 다가오는 말씀이나 구절에 집중하십시오.

- 2단계(메디타치오 Meditatio, 자신을 성찰하는 단계) : 말씀 묵상

  당신에게 다가오는 말씀을 받아들이십시오. 그리고 그 말씀을 통해 하나님께서 무엇을 말씀하시는지 그 말씀을 씹고 되새김질해 보십시오. 깨달음이 있는지 1-2분 간 침묵으로 묵상하면서, 자신의 모습을 성찰해 보십시오. 이 단계는 과일을 이로 잘게 씹는 것과 비슷합니다.

- 3단계(오라치오 Oratio, 하나님께 응답하는 단계) : 마음의 기도

  그 말씀이 당신을 인도하고 당신을 위해 기도하도록 당신을 말씀에 맡겨 보십시오. 감사, 찬양, 고백, 간구의 기도를 하면서 말씀과 더불어 하나님께서 들려주시는 말씀을 듣기도 하는 단계입니다. 이 단계는 과일의 맛을 느끼면서 맛있게 삼키는 것과 비슷합니다.

- 4단계(컨템플라치오 Contemplatio, 하나님 안에서 쉬는 단계) : 관상기도

  이제는 침묵 가운데 그 말씀의 분위기 속에서 하나님의 현존을 느껴 보십시오. 그리고 말씀을 통해 은밀하게 다가오는 하나님의 음성을 마음의 귀로 들으십시오. 당신의 전 존재를 맡기고 그 말씀 안에서 편히 쉬십시오. 이 단계는 과일을 삼키고 난 후에 그 향을 음미하는 것과 같습니다.

5. T. R. I. P (마틴 루터의 기도)[14]

마틴 루터(M. Luther)가 어느 날 단골 이발사에게 이발을 맡기고 있을 때였다. 한참 손을 놀리던 이발사가 갑자기 루터에게 기도를 어떻게 해야 하는지 물

었다. 이 질문을 듣고 그에게 가장 쉽게 가르쳐 주기 위해 고심하면서 만든 작은 책자가 그 유명한 "단순하게 기도하는 방법"이다. 그는 여기서 말씀 묵상을 통한 네 가지 형식의 '4겹줄 화환 기도'를 가르쳐 주었다. 후에 루터교회가 이 기도 방법을 다음과 같이 더 단순하고 명료하게 정리했다. 본회퍼도 이 묵상법으로 늘 말씀을 묵상했다고 한다.

루터의 T. R. I. P. 묵상 방법 : T(Thanks 감사), R(Resent 회개), I(Intercessory 중보기도), P(Plan of Action 행동 계획)

1) 말씀의 어떤 구절이 하나님께 감사(Thanks)하게 하는지 묵상해 보십시오.

2) 어떤 말씀이 당신에게 회개(Resent)를 촉구합니까? 말씀을 통해 회개할 것을 회개하십시오.

3) 이 말씀은 무엇을 위해 누구를 위해 기도(Intercessory)하게 인도합니까? 중보기도하는 시간을 가지십시오.

4) 이 말씀은 오늘 당신에게 어떤 행동을 실천(Plan of Action)하게 용기를 줍니까?

이제 예수님과 대화하는 시간을 가지십시오.

• 마치 친구에게 이야기하듯 예수님에게 말씀하십시오. 당신 자신의 경험을 말씀드리면서 자신을 좀 더 열어 보이십시오.

---

14. M. Luther, "A Simple Way to Pray"(translated by Carl J. Schindler) Luther's Works (American edition) V. 43, Devotional Writings II, edited by Gustav K. Wiencke, (General ed., Helmut T. Lehmann), Philadelphia: Fortress Press. & Mount Camel Ministries, Daily Texts: Bible Verses & Prayers for Each Day of the Year, Alexandria, MN: Mount Camel Ministries, 2001. 참고하시오.

웨슬리 영성수련 프로그램

6. 센터링 침묵기도(Centering Prayer)[15]

센터링 침묵기도는 하나님께 우리의 전 존재를 완전히 맡기고 쉬는 기도다.

> "침묵은 하나님의 첫 번째 언어다. 그 외의 것은 어설픈 번역이다." - 토머스 키딩
> "깊은 기도는 우리의 모든 생각을 비우고 우리의 몸, 마음, 가슴과 느낌 모두를 포함
> 한 우리의 전 존재를 말, 생각, 정서를 넘어 하나님께 열고 맡기는 것이다." - 페닝톤

기독교의 전통에 여러 종류의 기도와 명상(Meditation)이 있다. 그 중에 센터링기도는 하나님 인식에 있어서 부정의 방법(via Negativa) 아포페틱 전통(Apophatic Tradition)을 따른 "미지의 구름(The Cloud of Unknowing)"에서 가르쳐 준 전통적인 기독교 명상기도이며, 십자가의 요한(John of the Cross), 아빌라의 테레사(Teresa of Avila), 마이스터 에카르트(Meister Eckart), 토머스 머튼(Thomas Merton) 등이 가르쳤다.

기독교는 종교개혁 이후 이 전통을 거의 잊어버렸으나 70년대 초에 토머스 키딩(Thomas Keating), 윌리엄 메닝거(William Meninger), 베이실 페닝톤(Basil Pennington)을 중심으로 '센터링기도'라는 이름을 붙인 뒤 관상적 기도 전통을 회복하려는 운동이 활발하게 일어나게 되었다. 센터링이란 우리 존재의 가장 깊은 곳에 현존하시는 하나님께로 가기 위하여 존재 중심을 향하여 간다는 의미다. 센터링기도는 "미지의 구름"에서 언급된 렉치오 디비나(Lectio Divina)의 네 단계 관상의 단계와 예수기도(Jesus Prayer)의 단계를 포함한다.

정기적인 센터링기도 수련을 통해 관상을 선물로 받게 되고, '하나님의 치유(Divine Therapy)'라고 부를 수 있는 치유과정이 시작되며, 무의식의 창고에 저장된 정서적 잡초들이, 기도 중에 하나님 안에서 깊은 휴식으로 들어갈 때 제

---

15. Thomas Keating, 「마음을 열고 가슴을 열고」(엄무광 역) (서울: 가톨릭출판사, 1999)를 참고하라.

거되기 시작한다. 정신이 자동으로 전 인생에 걸쳐 쌓여 온 소화되지 않은 많은 정서적 자료들을 비우기 시작하면서 건강한 자아의식, 선택의 자유, 자기 안에서 하나님의 현존 발견 등과 같은 새로운 장이 열리게 된다.

자신의 기도생활에 대한 반성과 더불어 좀더 깊은 차원의 기도와 명상이 필요하다고 느끼는 사람들에게 도움이 될 것이다.

기도 방법

- 하나님이 당신 안에 현존하고 역사하심에 동의하는 의지와 의도의 상징으로 사용할 거룩한 단어를 선택하십시오.(주님, 하나님, 나의 주님, 여호와, 나의 사랑, 평화, 샬롬 등)
- 편안히 앉아 눈을 감고 하나님께 동의하는 의지와 의도의 표시로 그 거룩한 단어를 의식 위에 조용히 떠올리십시오.
- 어떤 사고(정신적 모든 과정)가 떠올랐음을 인식하면 조용히, 그리고 부드럽게 그 사고를 물 흐르듯이 흘려보내면서 거룩한 단어로 돌아가십시오.
- 기도가 끝날 때, 눈을 감고 2-3분 간 침묵 속에 머물러 계십시오.

7. 예수기도(Jesus Prayer)[16]

예수기도란 "주 예수 그리스도 하나님의 아들이시여, 이 죄인에게 자비를 베푸소서"라는 기도문을 단순하게 반복하는 기도다. 교부들은 "항상 쉬지 않고 기도(살전 5:17)"하게 하기 위해 이 기도를 가르쳤다. 그 동안 대부분의 교회는 이 가르침을 잊어버렸지만, 동방정교회는 '심장의 기도'라고 이름하며 그 전통을 이어왔다.

기도 방법

- 마음을 가라앉히고 정감을 길어 올려 믿음과 희망과 사랑 안에 머물면서

---

16. Kallistos Ware, 예수이름의 능력(정교 영성의 예수기도), 한국 정교회, 참조

기도하는 자세를 가다듬으십시오.

- 숨을 깊이 들이쉬면서 "주 예수님" 하고, 내쉬면서 "자비를"이라고 암송하십시오. 그러고 나서 3초 간 숨을 멈추고, 가슴으로 예수님의 자비와 사랑을 느껴 보십시오. 입이나 머리로 하지 말고 심장과 마음으로 기도해야 합니다.

8. 화살기도(Ejaculatory Prayer)

기독교 전통에 고대 영성가들이 즐겨 하던 기도 중 하나로 화살기도가 있다. 존 웨슬리는 그의 일기에서 늘 화살기도를 했다고 고백하였다. 문자적으로 보면, 남성들이 성적으로 사정(ejaculaory)하는 것과 같은 기도라는 의미다. 이것은 때로는 준비하지 않고 즉흥적으로 마음에 떠오르는 것을 사정하듯이 화살처럼 쏘아 올리는 기도를 의미한다. 예를 들면, 길을 가다가 병원에 입원한 친구에 대한 생각이 갑자기 떠올랐을 때 그 자리에서 "주여, 친구의 쾌유를 위해 기도합니다"라고 하고, 이라크 전쟁이 떠올랐을 때 "주여, 속히 전쟁을 종식시켜 주옵소서"라고 구하는 것이다. 이처럼 우리는 무릎을 꿇지 않고도 언제 어디서나 무엇에 관해서든 하나님께 자신의 기도를 쏘아 올리는 것과 같이 기도할 수 있다. 심지어는 다른 사람과 대화를 나누는 중에도 주께 간절한 기도를 쏘아 올릴 수 있다. "주여, 남북통일을 주옵소서." 등.

9. 자기 성찰(Self-Examination)

웨슬리와 이냐시오는 영성수련 중에 자기 성찰을 가장 중요한 것으로 가르쳤다. 웨슬리는 자기 성찰을 위해 '일반적인 질문' '특별한 질문' 등을 만들어서 매일 아침과 저녁으로 철저히 '자기 성찰'을 수련했다. 로욜라의 이냐시오 성인의 제자들이 이냐시오에게 "몸이 너무 아파 영성수련을 할 수 없을 때 기도를 쉬어도 괜찮습니까?"라고 질문했을 때, 그는 다른 모든 영성수련은 잠시

쉴 수 있지만 자기 성찰은 반드시 할 것을 권면했다. 이냐시오의 영신수련은 자신을 철저히 성찰하게 안내한다. 이 책 부록에 수록한 '웨슬리의 자기 성찰'을 매일 아침과 저녁으로 개인 영성수련에 사용하기 바란다.

10. 기도문 모음

웨슬리는 평생 훌륭한 기도문을 모았으며, 그것들을 이용해 기도생활을 했다. 그리고 그 기도들을 묶어 여러 번 출판하기도 했다. 기도문 모음을 사용하면 우리 기도의 중심을 가지고 더 깊은 차원의 기도로 인도받을 수 있다는 장점이 있다. 웨슬리가 늘 사용하던 한 주일의 기도문을 부록에 수록하였다. 그것을 개인 영성수련에 적용하기를 바란다.

11. 영성 일기(Journaling)

일기를 쓰는 것 자체가 기도다. 영성의 대가들은 대부분 영성 일기를 정기적으로 썼다. 이번 영성수련 기간에 다음과 같은 내용으로 영성 일기를 써 보기를 권한다.

> "나의 반석이시요 나의 구속자이신 여호와여 내 입의 말과 마음의 묵상이 주의 앞
> 에 열납되기를 원하나이다."(시편 19:14)

웨슬리의 성화는 경건의 훈련과 사랑의 훈련, 양면으로 이루어졌다. 경건의 훈련이 세속성에서의 분리와 성별의 훈련이라면, 사랑의 훈련은 세속을 찾아가 빛과 소금이 되는 행동을 의미한다. 다음 내용을 담은 경건 일기를 매일 써 보자.

성화 훈련을 위한 경건 일기

년 월 일

"너희가 믿음에 있는가 너희 자신을 시험하고 자신을 확증하라."
(고린도후서 13:5)

* 경건의 수련(Works of Piety)
  - "경건에 이르기를 연습하라."(디모데전서 4:7)

1. 오늘 묵상하는 성경 말씀 :

2. 오늘 묵상 중에 주신 말씀 / 깨달은 말씀 :

* 자비의 수련(Works of Mercy)
  - "영혼 없는 몸이 죽은 것같이 행함이 없는 믿음은 죽은 것이니라."
    (야고보서 2:26)

1. 나의 삶(24시간)에 대한 성찰(웨슬리의 "경건생활을 위한 자기 성찰"에
   따라 - 부록 참조) :

2. 오늘 해야 할 봉사 :

3. 성화 훈련을 위한 영적 결단 및 기도 제목 :

4. 중보기도 제목 및 기도 대상자 명단 :

II. 웨슬리 영성수련의 실제

– 성장과 성숙을 위한 영성수련

첫째 주: 선재적 은총

둘째 주: 회개의 은총

셋째 주: 의롭다 하심의 은총(칭의의 은총)

넷째 주: 거듭남의 은총

다섯째 주: 성화의 은총

여섯째 주: 기독자의 완전

일곱째 주: 나눔과 정리 그리고 계획

첫째 주 : 선재적 은총

주제 : 우리를 먼저 사모하고 찾아오신 하나님의 은총

1. **리더는 찬송과 짧은 기도로 모임을 시작합니다.** 모임 형편에 따라 한 장 혹은 두 장을 부릅니다.

   추천하는 찬송 : 98장(주 예수 내가 알기 전), 316장(목마른 자들아)
   325장(주 예수 대문 밖에), 410장(아 하나님의 은혜로)

2. **웨슬리의 경건한 삶과 경건 훈련**

   리더는 '웨슬리의 경건을 추구하는 삶'의 스토리를 나눕니다.(이 책 1부의 "웨슬리의 생애 : 영성수련의 삶" 참조)

3. **웨슬리 영성의 특징을 나눕니다.** (이 책 1부를 주의 깊게 읽고 숙지할 것)

   1) 영적 성장과 성숙의 단계: 선재적 은총 - 회개 - 칭의 - 거듭남 - 성화 - 완전(리더는 1부의 영성수련의 이론을 읽고 영적 성장의 단계에 대한 나눔을 가질 것)

2) 은총의 수단을 강조함

- 일반적 은총의 수단 : 계명 지킴, 자기 부인, 십자가를 지는 생활
- 제정된 은총의 수단 : 기도, 성경 읽기, 성만찬, 금식, 공동체
- 상황적 은총의 수단 : 찬양, 영성 일기 쓰기, 선행 실천, 기독교 고전 읽기 등

3) 자기성찰과 성화를 위한 결단을 강조

4) 영성신학의 사변형: 성서, 이성, 전통, 경험[17]

5) 몸의 건강과 함께 영성수련 강조[18]

6) 하나님의 부어 주시는 은혜(Imputation)인 칭의의 은총과 우리가 참여하여 구원을 이루게 하시는 은혜(Impartation)인 성화의 은총을 강조함

7) 성화의 은총 강조 : 순간적이면서도 점진적인 구원의 과정을 통해 그리스도의 형상을 이루는 것을 강조함

---

17. 웨슬리 신학의 사변형(quadrilateral)은 성서, 이성, 전통, 체험이다. 이것은 신학의 4가지 자료, 표준, 방법론이라고 말할 수 있다. 그 중에서도 성서를 가장 원천적인 자료로 웨슬리는 이해한다. 왜냐하면 성서가 구원에 대해서 가장 잘 설명해 주고 있기 때문이다. 그리고 이성은 성서에 나오는 기독교 진리를 체계화시켜 주는 것, 신앙의 정확성과 신빙성을 주는 것에 기여한다. 그리고 기독교 진리를 기독교인이 아닌 사람들에게 소개하는 전도에도 아주 유익한 도구가 된다. 기독교의 핵심진리, 하나님, 그리스도, 성경, 교회, 구원에 대해서 이성으로 체계화시킨 것이 사도신경이다. 그러나 이성은 믿음, 소망, 사랑을 만들어 줄 수 없는 한계를 갖고 있다. 신앙의 심부름꾼이다. 또한 전통은 교회사에 나타난 AD 1-5세기까지 교부신학전통과 종교개혁 신학전통이 신학적 해석에 객관적인 증거를 제시한다고 웨슬리는 이해했다. 그리고 체험은 신학이 나의 주관적, 실존적 신학이 되는 것이다. 체험이 없이는 신학함은 생명력이 없고 산 신학(Living Theology)이라고 말할 수 없다. 물론 성서가 가장 중요한 자료이고 세 요소들은 보충적 자료들이지만 이 다른 요소들이 성서해석을 풍부하게 잘 해석해 줄 수 있는 도구가 되는 것이다. 자세한 연구는 김홍기, 「감리교회사」,(서울: 감리교출판부) 참조하라.

18. 웨슬리는 영성수련 뿐만 아니라 육체의 수련도 중요하게 생각했다. 그 이유는 건강하고 성숙한 영성은 영혼의 수련과 함께 육체의 수련에서 나온다고 생각하였다. 건강의 비결 4가지를 그의 저서 원시의학(Primitive Physic)에서 말하고 있다. 첫째, 신선한 공기를 마시라고 한다. 둘째, 소식을 해야 한다. 많이 먹으면 빨리 죽는다고 했다. 셋째, 매일 운동해야 한다. 넷째, 항상 기뻐하고 단순한 마음을 가져야 한다. 이러한 건강 비결을 실천한 웨슬리는 89세를 살 수 있었다. Oscar Sherwin, Friend of People에 웨슬리의 원시 의학에 대한 소개가 자세히 나온다. 그리고 웨슬리의 원시 의학을 고달삼 목사가 「민속의학」으로 번역했다.

8) 세상과 분리되는 경건의 수련을 통한 내적, 인격적 성화와 자비의 수련을 통한 사회적 성화, 즉 세상으로 찾아가는 사회적, 성육신적, 외적 성화의 통전성을 강조함

9) 열린 신학 : 에큐메니칼적으로 많은 전통을 포용하면서도, 선택적, 포괄적인 영성신학을 정립함

4. **모임의 특징** : 이 영성수련은, 웨슬리 당시 속회보다 더 강한 훈련을 받았던 밴드 모임을 염두에 두고 만든 것입니다. 시대적 상황 등의 이유로 똑같을 수는 없겠지만, 웨슬리 당시의 밴드 모임의 규칙을 함께 나누고, 그 정신을 우리 생활에 적용해 보려고 합니다.

5. **'밴드 모임의 규칙과 지침'** 을 함께 읽습니다.
웨슬리 시대에 하나님 뜻대로 살고자 노력했던 밴드의 정신을 다시 생각해 보며, 그 정신을 배우는 시간을 갖습니다. 밴드의 정신을 오늘날에 맞게 적용한다면 어떻게 할 수 있는지 간단하게 토의합니다.(부록 참조)

6. **매일 하는 개인 경건 연습** : 다음의 경건 연습을 철저히 지키기 위해 최선을 다합시다.

매일 하는 개인 영성수련을 위한 지침

1) 교회의 모든 집회와 예배에 참여한다.

2) 매일 자신과 가족을 위해 기도한다.(적어도 30분)

3) 성서를 읽고 매일 매시간 묵상하는 습관을 기른다.

4) 매일 침묵기도를 한다.(적어도 5분, 센터링 침묵기도 혹은 예수기도)

5) 일주일에 하루는 금식한다.(자신의 상황과 건강 상태에 따라 오후 3시까지, 혹은 점심 이후 다음날 아침까지, 24시간 등 시간을 정한다. 또는 가장 좋아하는 음식만 절제하든지 절식할 수도 있다.)

6) 「영적 훈련과 성장」(리처드 포스터)을 매일 적당한 분량을 정해 읽는다.

7) 경건 일기를 쓰며 매일의 삶을 점검하고, 하나님께서 어떻게 내 삶에 오셔서 인도하고 말씀하셨는지를 경건 일기(위에 예시한 내용으로)에 기록한다. 또한 성령께서 원하시는 삶을 살기 위한 결단을 정리한다.(웨슬리의 "경건생활을 위한 자기 성찰" 참조, 적어도 15분 정도 필요함)

8) 하루에 한 가지, 자신의 이익과 관계되지 않은 일, 남을 위한 온전한 봉사를 계획하고 실천한다.(병자 방문, 소외된 사람과의 대화, 어려움 당하는 이들에게 전화하기, 교회 봉사, 친절한 태도와 언사, 미소 짓기, 동냥 구하는 이를 거절하지 않기, 감사편지 쓰기 등)

9) 기도 파트너와 서로를 위해 기도하고, 각자의 경험을 직접 만나거나 전화로 적어도 일주일에 한 번은 나눈다.

10) 일과 속에서 화살기도를 연습한다.

웨슬리 영성수련의 실제

7. 기도 파트너를 정합니다.

8. 묵상을 위한 말씀 : 시편 139:1-16; 예레미야 1:4-5; 누가복음 19:1-10; 시편 42; 이사야 49:13-16

1) 묵상의 초점 : 하나님의 선재적 은총

선재적 은총은 믿음보다 앞서는 하나님의 은총입니다. 즉 먼저 우리에게 다가오는 은총입니다. 우리가 미처 은혜를 깨닫기도 전에 우리 삶에서 이미 일하시는 하나님의 은총, 우리를 먼저 사모하고 찾아오신 하나님, 과거부터 지금까지 나의 삶과 역사에 항상 현존하시며 나의 영적 목마름을 해소해 주시는 하나님을 사모하며, 이처럼 하나님이 주도권을 가지고 먼저 찾아오셔서 인도하고 이끄시는 은혜, 모든 사람에게 임하는 은혜를 음미하고 느끼고 알도록 기도합니다.

예를 들면 호렙 산에서 모세를 찾아오신 하나님, 엘리야를 세미한 음성 중에 찾아오신 하나님, 뽕나무에 올라간 삭개오를 찾아오신 예수님 등과 같은 경험이 없었는지 생각해 보며, 선재적 은총을 주신 하나님께 감사하고 그 하나님의 사랑을 음미하며 묵상하십시오.

2) 함께 말씀을 묵상함 : 시편 139:1-16

- 성경 말씀을 읽은 후, 깊은 곳에서 하나님을 간절히 사모하는 자신의 영적인 목마름과 하나님께서 그보다도 먼저 나를 간절히 사모하여 찾아오심을 깨달았던 그 순간을 회상해 보기 바랍니다.
- 그 때 '마음이 이상하게 뜨거워지는 경험'은 없었는지 회상해 보십시오. 예컨대 어린 시절 어느 때였든지, 어려운 고난과 역경의 때였든지 하나님께서 함께 계심을 깨달아 주체할 수 없는 감격과 기쁨을 경험한 적은 없었는지, 예배 시간에, 수련회나 부흥회, 성경 공부 시간에, 혹은 개인기도 시간이나 새벽기도회 때, 혹은 음악을 듣다가, 직장에서 일하던 중에,

홀로 산보하다가, 친구와 이야기하던 중에 있었던 그런 경험을 회상해 보십시오.

3) 묵상 정리

- 잠시 동안 기도를 정리하는 시간을 가지십시오. 기도하는 동안 하나님 께서 당신의 마음과 생각과 감정을 어떻게 흔들어 일깨우셨는지 회상해 보고 경건 일기에 기록하십시오.
- 어떤 이미지나 깊은 깨달음이 있었는지, 하나님의 말씀이 당신을 사로잡 아 깨달음의 깊은 경지를 경험하게 하여 영적 깊은 잠과 같은 심연에서 깨어나는 것과 같은 경험은 없었는지 회상해 보고, 경건 일기에 기록하 십시오.
- 나를 먼저 찾아와 주신 하나님의 선재적 은총에 감사하고 기뻐하면서, 이러한 감사와 감격을 다른 사람들과 나누고 싶은 생각이 있습니까? 있 다면 어떻게 나누고 싶습니까?
- 이와 같은 하나님의 은총을 나누게 하기 위해 하나님께서 당신에게 어 떤 은사를 주셨다고 생각합니까?
- 하나님께서 교회와 세상을 위하여 당신에게 무엇을 하라고 말씀하십니 까? 경건 일기에 기록해 보십시오.

9. **그룹 나눔** : 말씀을 묵상하는 중에 있었던 경험과 깨달음을 함께 나눕니다.

1) 영성수련 기간에 하루에 몇 분씩 어디에서 기도할 것인지 서로 나눕니다.

2) 리더는 개인 영성수련에 관해 자세히 안내합니다. 다음 주 그룹 영성수련 시간까지 안내된 영성수련 내용에 따라 개인 영성수련을 성실하게 할 수 있게 돕습니다.

3) 간단한 성만찬으로 집회를 마칩니다.

주제 : 하나님의 선재적 은총

선재적 은총은 믿음보다 앞서는 하나님의 은총입니다. 우리가 미처 은혜를 깨닫기도 전에 우리 삶에서 이미 일하시는 하나님의 은총을 기억하면서, 우리를 먼저 사모하고 찾아오신 하나님(Divine longing)을 묵상합니다. 과거부터 지금까지 나의 삶과 역사에 항상 현존하시는 하나님께서 내 안에 영적 목마름, 갈망, 하나님을 사모함(My longing for God)을 일으키셨습니다. 이처럼 하나님이 주도권을 가지고 먼저 찾아오셔서 인도하고 이끄시는 은혜, 모든 사람에게 임하는 이러한 은혜를 음미하고 느끼고 알도록 기도합니다.

1. **찬양** : 매일 찬양으로 하루를 시작하십시오. 찬송 속에서 우리를 찾아오시는 하나님의 열심과 하나님을 사모하는 자신의 영적 갈망을 느껴 보기 바랍니다.

   추천하는 찬송 : 98장(주 예수 내가 알기 전), 316장(목마른 자들아),
   325장(주 예수 대문 밖에), 410장(아 하나님의 은혜로)

2. **기도** : 부록에 있는 웨슬리의 매일 아침에 하는 질문과 아침 기도문, 저녁에 하는 질문과 저녁 기도문으로 하루를 시작하고 마칩니다.

3. **묵상을 위한 말씀** : 시편 139:1-16; 예레미야 1:4-5; 누가복음 19:1-10; 시편 42; 이사야 49:13-16

1) 말씀 묵상

그룹 영성 시간에 사용했던 묵상 방법과 내용을 매일 사용하십시오. 그리고 계속해서 깊은 영적 성찰의 시간을 갖기 바랍니다. 그 외에 말씀 묵상이 더 필요하면 위에 제시한 본문을 참조하십시오.

2) 묵상의 초점 : 하나님의 선재적 은총

내가 아직 죄인이었을 때, 하나님의 은혜를 알지 못했을 때, 하나님께서 먼저 나를 사랑하여 찾아오셨던 경험을 생생하게 다시 떠올려 보고, 그분의 사랑과 선재적 은총을 다음의 방법으로 묵상하기 바랍니다.

선재적 은총은 믿음보다 앞서는 하나님의 은총입니다. 우리가 미처 은혜를 깨닫기도 전에 우리 삶에서 이미 일하시는 하나님의 은총을 기억하면서, 우리를 먼저 사모하고 찾아오신 하나님(Divine longing)을 묵상합니다. 과거부터 지금까지 나의 삶과 역사에 항상 현존하시는 하나님께서 내 안에 영적 목마름, 갈망, 하나님을 사모함(My longing for God)을 일으키셨습니다. 이처럼 하나님이 주도권을 가지고 먼저 찾아오셔서 인도하고 이끄시는 은혜, 모든 사람에게 임하는 이러한 은혜를 음미하고 느끼고 알도록 기도합니다.

• 성경 말씀을 읽은 후, 자신의 깊은 곳에서 하나님을 간절히 사모하는 영적인 목마름 속에, 이미 하나님께서 당신을 오래 전부터 간절히 사모하고 사랑하셔서 찾아오심을 깨달았던 순간을 회상해 보기 바랍니다.

• 그 때 '마음이 이상하게 뜨거워지는 경험'은 없었는지 회상해 보십시오. 예컨대 어린 시절 어느 때였든지, 어려운 고난과 역경의 때였든지 하나님께서 함께 계심을 깨닫는 순간 주체할 수 없는 감격과 기쁨을 경험한 적은 없었는지, 예배 시간에, 수련회나 부흥회, 성경 공부 시간에, 혹은 개인기도 시간이나 새벽기도회 때, 혹은 음악을 듣다가, 직장에서 일하던 중에, 홀로 산보하다가, 친구와 이야기하던 중에 있었던 그런

경험을 회상해 보십시오.

3) 묵상 정리
- 잠시 동안 기도를 정리하는 시간을 가지십시오. 기도하는 동안 하나님께서 당신의 마음과 생각과 감정을 어떻게 흔들어 일깨우셨는지 회상해 보고 경건 일기에 기록하십시오.
- 어떤 이미지나 깊은 깨달음이 있었는지, 하나님의 말씀이 당신을 사로잡아 깨달음의 깊은 경지를 경험하게 하여 영적 깊은 잠과 같은 심연에서 깨어나는 것과 같은 경험은 없었는지 회상해 보고 경건 일기에 기록하십시오.
- 나를 먼저 찾아와 주신 하나님의 선재적 은총에 감사하고 기뻐하면서, 이러한 감사와 감격을 다른 사람들과 나누고 싶은 생각이 있습니까? 있다면 어떻게 나누고 싶습니까?
- 이와 같은 하나님의 은총을 나누게 하기 위해 하나님께서 당신에게 어떤 은사를 주셨다고 생각합니까?
- 하나님께서 교회와 세상을 위하여 당신에게 무엇을 하라고 말씀하십니까? 경건 일기에 기록해 보십시오.

4) 주기도문이나 간단한 기도로 말씀 묵상을 마치십시오.

5) 한 주간 매일 위의 방법으로 말씀을 묵상하면서 하나님께서 당신을 향하여 하시는 말씀을 듣고, 그분과 긴밀하고 깊은 개인적인 사귐을 나누기 바랍니다. 묵상 중에 경험한 것들(생각, 이미지, 통찰력, 깨달은 말씀 등)을 경건 일기에 기록해 보십시오.

4. **매일 하는 개인 경건 연습** : 다음의 경건 연습을 철저히 지키기 위해 최선을 다합시다.

매일 하는 개인 영성수련을 위한 지침

1) 교회의 모든 집회와 예배에 참여한다.

2) 매일 자신과 가족을 위해 기도한다.(적어도 30분)

3) 성서를 읽고 매일 매시간 묵상하는 습관을 기른다.

4) 매일 침묵기도를 한다.(적어도 5분, 센터링 침묵기도 혹은 예수기도)

5) 일주일에 하루는 금식한다.(자신의 상황과 건강 상태에 따라 오후 3시까지, 혹은 점심 이후 다음날 아침까지, 24시간 등 시간을 정한다. 또는 가장 좋아하는 음식만 절제하든지 절식할 수도 있다.)

6) 「영적 훈련과 성장」(리처드 포스터)을 매일 적당한 분량을 정해 읽는다.

7) 경건 일기를 쓰며 매일의 삶을 점검하고, 하나님께서 어떻게 내 삶에 오셔서 인도하고 말씀하셨는지를 경건 일기(위에 예시한 내용으로)에 기록한다. 또한 성령께서 원하시는 삶을 살기 위한 결단을 정리한다.(웨슬리의 "경건생활을 위한 자기 성찰" 참조, 적어도 15분 정도 필요함)

8) 하루에 한 가지, 자신의 이익과 관계되지 않은 일, 남을 위한 온전한 봉사를 계획하고 실천한다.(병자 방문, 소외된 사람과의 대화, 어려움 당하는 이들에게 전화하기, 교회 봉사, 친절한 태도와 언사, 미소 짓기, 동냥 구하는 이를 거절하지 않기, 감사편지 쓰기 등)

9) 기도 파트너와 서로를 위해 기도하고, 각자의 경험을 직접 만나거나 전화로 적어도 일주일에 한 번은 나눈다.

10) 일과 속에서 화살기도를 연습한다.

둘째 주 : 회개의 은총

그룹 영성수련

주제 : 죄를 깨닫고 회개케 하시는 은총

1. 찬양과 기도로 모임을 시작합니다.

추천하는 찬송 : 332장(나 행한 것 죄뿐이니), 351장(날 대속하신 예수께),

186장(내 주의 보혈은), 202장(죄에서 자유를 얻게 함은)

2. 그룹 나눔

지난 주간 삶에서 하나님의 현존을 어떻게 경험하였습니까? 먼저 나를 찾아
오시고, 미리 나의 삶을 섭리하시는 하나님의 선재적 은총을 어떻게 경험하
였습니까?

3. 지난 주 개인 영성수련은 어떠했습니까?

매일 하는 개인 경건 연습 : 다음의 경건 연습을 철저히 지키기 위해 최선을
다합시다.

매일 하는 개인 영성수련을 위한 지침

1) 교회의 모든 집회와 예배에 참여한다.

2) 매일 자신과 가족을 위해 기도한다.(적어도 30분)

3) 성서를 읽고 매일 매시간 묵상하는 습관을 기른다.

4) 매일 침묵기도를 한다.(적어도 5분, 센터링 침묵기도 혹은 예수기도)

5) 일주일에 하루는 금식한다.(자신의 상황과 건강 상태에 따라 오후 3시까지, 혹은 점심 이후 다음날 아침까지, 24시간 등 시간을 정한다. 또는 가장 좋아하는 음식만 절제하든지 절식할 수도 있다.)

6) 「영적 훈련과 성장」(리처드 포스터)을 매일 적당한 분량을 정해 읽는다.

7) 경건 일기를 쓰며 매일의 삶을 점검하고, 하나님께서 어떻게 내 삶에 오셔서 인도하고 말씀하셨는지를 경건 일기(위에 예시한 내용으로)에 기록한다. 또한 성령께서 원하시는 삶을 살기 위한 결단을 정리한다.(웨슬리의 "경건생활을 위한 자기 성찰" 참조, 적어도 15분 정도 필요함)

8) 하루에 한 가지, 자신의 이익과 관계되지 않은 일, 남을 위한 온전한 봉사를 계획하고 실천한다.(병자 방문, 소외된 사람과의 대화, 어려움 당하는 이들에게 전화하기, 교회 봉사, 친절한 태도와 언사, 미소 짓기, 동냥 구하는 이를 거절하지 않기, 감사편지 쓰기 등)

9) 기도 파트너와 서로를 위해 기도하고, 각자의 경험을 직접 만나거나 전화로 적어도 일주일에 한 번은 나눈다.

10) 일과 속에서 화살기도를 연습한다.

4. 묵상을 위한 말씀 : 요한일서 1:5-2:2; 시편 51; 시편 6; 이사야 49:13-16;
누가복음 19:1-10; 로마서 3:21-26

1) 묵상의 초점

- 나를 향한 하나님의 무조건적인 사랑과 은혜를 깨닫고, 나 자신의 죄악
  성과 연약함을 알도록 하나님의 은혜를 구하는 기도를 하십시오.
- 지금까지의 삶을 뒤돌아보십시오. 예를 들어 일생을 7년 단위로 끊어
  서 아동기, 초등학교, 중ㆍ고등학교, 대학교, 청년기, 청장년기, 장년
  기, 그리고 현재 등으로 나누어 생각해 보십시오. 살았던 집이나 몸담
  았던 직장을 떠올리면 더욱 생생하게 기억할 수 있을 것입니다.
- 그 모든 시간에 하나님께서 어떻게 당신과 함께하셨는지 생각해 보십
  시오. 마치 하나님께서 계시지 않는 것과 같이 느껴진 때는 언제였습
  니까? 하나님께서 당신을 독특하고 특별한 방법으로 인도하고 사랑하
  셨다고 느껴지지는 않습니까?
- 하나님께서 이 시간에 깨닫게 하시는 말씀이 무엇인지, 무슨 말씀을 하
  시는지 들을 수 있기를 바랍니다.
- 나를 향한 목적과 계획을 가지고 먼저 찾아오시는 하나님의 무조건적
  사랑을 외면하고 거절하면서 살지는 않습니까?
- 그럼에도 하나님의 회개케 하시는 은총으로 나의 죄성을 깨닫고 보게
  하심에 감사하는 기도를 드리기 바랍니다.
- 내가 아직도 보지 못하는 내 안의 어두운 부분과 죄를 하나님의 빛으로
  밝히 보여 주시도록 은총을 구하는 기도를 합시다.
- 하나님께서 여전히 나를 향해 품고 계신 꿈과 계획이 무엇인지 깨닫고,
  그분의 사랑과 계획을 외면하는 나 자신의 모습을 볼 수 있는 은혜가
  임하기를 기도합시다.

2) 함께 말씀을 묵상함 : 누가복음 19:1-10

상상력(Imagination)을 발휘하여, 삭개오가 예수님을 만난 뒤 그의 삶을 철저히 회개한 모습을 묵상합시다. 그가 예수님을 알기 전에 예수님이 먼저 그를 아시고 찾아오셔서 새 삶을 주신 이야기를 통해 하나님의 사랑과 은혜를 가까이 느껴 보십시오. 우선 말씀을 읽으십시오. 그리고 다음 질문을 참조하면서 말씀을 묵상하기 바랍니다.

- 예수님은 어디에 계십니까? (실내, 옥외 등)
- 예수님은 무엇을 하십니까?
- 예수님의 모습은 어떻습니까? (피곤해 보입니까? 약해 보입니까? 건강해 보입니까?)
- 예수님이 그 곳에 가신 목적은 무엇입니까?
- 예수님은 정서적으로 어떤 상태입니까? (행복, 슬픔, 화가 남, 기쁨 등)
- 예수님의 얼굴 표정은 어떻습니까?
- 예수님의 목소리나 억양은 어떻습니까?
- 예수님은 지금 무엇을 느끼십니까? (허기, 열정, 동정심 등)
- 사람들이 예수님에 대해 관심을 갖게 한 것은 무엇입니까?
- 삭개오를 보았을 때 예수님의 눈빛은 어떠했습니까?
- 예수님은 어떻게 삭개오를 변화시키셨습니까?
- 삭개오의 회개와 용서받은 기쁨에 대해 생각해 보십시오.
- 예수님의 어떤 면이 당신을 매료시키는지, 그분에 대해 더 생각해 보십시오.
- 편안한 마음으로 삭개오 이야기를 묵상하기 바랍니다.

3) 묵상 정리

기도 중의 생각과 느낌을 경건 일기에 기록해 보십시오. 어떤 이미지나 깊은 깨달음이 있었는지, 특별한 경험은 없었는지 글로 적어 보기 바랍니다.

4) 그룹 나눔 : 말씀을 묵상하는 중에 있었던 경험과 깨달음을 함께 나누기
바랍니다.

5. '밴드 모임의 규칙과 지침' 을 함께 읽음

웨슬리 시대에 하나님 뜻대로 살고자 노력했던 밴드의 정신을 다시 생각해
보며, 그 정신을 배우는 시간을 갖습니다. 밴드의 정신을 오늘날에 맞게 적
용하는 방법에 대한 서로의 지혜를 모읍니다.(부록 참조)

6. 개인 영성수련에 대한 안내를 합니다.

7. 성만찬으로 집회를 마칩니다.

주제 : 회개케 하시는 하나님의 은총

회개는 신앙으로 들어가는 현관과도 같다.
마음의 문을 열고 하나님의 선재적 은총을 받아들일 때
자신의 죄를 깨닫고 보게 되며, 회개케 하시는 하나님의 은총을 경험하게
된다.

1. **찬양** : 찬양으로 개인 영성수련을 시작하십시오. 찬송 속에서 하나님께서 우리를 회개케 하시는 은총을 느껴 보기 바랍니다.

    추천하는 찬송 : 332장(나 행한 것 죄뿐이니), 351장(날 대속하신 예수께),
    186장(내 주의 보혈은), 202장(죄에서 자유를 얻게 함은)

2. **기도** : 부록에 있는 웨슬리의 매일 아침에 하는 질문과 아침 기도문, 저녁에 하는 질문과 저녁 기도문으로 하루를 시작하고 마칩니다.

3. **묵상을 위한 말씀** : 요한일서 1:5-2:2; 시편 51; 시편 6; 이사야 49:13-16; 누가복음 19:1-10; 로마서 3:21-26

    1) **말씀의 묵상**

    우선 말씀을 선택하여 읽으십시오. 그룹 영성수련에서 묵상했던 삭개오

이야기를 계속 묵상해도 되고, 다른 성경 말씀을 함께 묵상할 수도 있습니다. 아래에 제시된 질문에 초점을 두고 하나님의 음성에 귀 기울이며 깊은 영적 성찰을 하기 바랍니다.

2) 묵상의 초점

- 나를 향한 하나님의 무조건적인 사랑과 은혜, 나 자신의 죄악성과 연약함을 알도록 하나님의 은혜를 구하는 기도를 하십시오.
- 지금까지의 삶을 뒤돌아보십시오. 예를 들어 일생을 7년 단위로 끊어서 아동기, 초등학교, 중·고등학교, 대학교, 청년기, 청장년기, 장년기, 그리고 현재 등으로 나누어 생각해 보십시오. 살았던 집이나 몸담았던 직장을 떠올리면 더욱 생생하게 기억할 수 있을 것입니다.
- 그 모든 시간에 하나님께서 어떻게 당신과 함께하셨는지 생각해 보십시오. 마치 하나님께서 계시지 않는 것과 같이 느껴진 때는 없었습니까? 하나님께서 당신을 독특하고 특별한 방법으로 인도하고 사랑하셨다고 느껴지지는 않습니까?
- 하나님께서 이 시간에 깨닫게 하시는 말씀이 무엇인지, 무슨 말씀을 하시는지 들을 수 있기를 바랍니다.
- 나를 향한 목적과 계획을 가지고 먼저 찾아오시는 하나님의 무조건적 사랑을 외면하고 거절하면서 살지는 않습니까?
- 그럼에도 하나님의 회개케 하시는 은총으로 나의 죄성을 깨닫고 보게 하심에 감사하는 기도를 드리기 바랍니다.
- 하나님의 사랑의 빛으로 내가 아직도 보지 못하는 내 안의 어두운 부분과 죄를 보여 주시도록 하나님의 은총을 구하는 기도를 하십시오.
- 나를 향해 품고 계신 하나님의 꿈과 계획이 무엇인지 알 수 있게 되기를 기도하십시오.
- 하나님의 사랑과 계획을 외면하는 나 자신의 모습을 볼 수 있는 하나님

의 은총이 임하도록 기도하십시오.

3) 이제는 자신의 언어로 기도하십시오.

- 이제까지의 나의 삶을 채운 죄, 무질서, 연약함을 철저히 깨닫고 회개
합니다.
- 예수님 안에서 삶이 재조정되기를 기도합니다.
- 나를 그리스도와 분리시키고 혼돈의 삶으로 이끌어 가는 것이 무엇인
지 생각해 보고, 그러한 것들에서 자유롭게 되기를 기도합니다.
- 주기도문이나 짧은 기도로 말씀 묵상을 마칩니다.

4) 묵상 정리

묵상 중에 경험한 것들(생각, 이미지, 통찰력, 들려온 말씀, 깨달은 말씀
등)을 경건 일기에 기록해 보십시오.

4. 매일 하는 개인 경건 연습 : 다음의 경건 연습을 철저히 지키기 위해 최선을
다합시다.

매일 하는 개인 영성수련을 위한 지침

1) 교회의 모든 집회와 예배에 참여한다.

2) 매일 자신과 가족을 위해 기도한다.(적어도 30분)

3) 성서를 읽고 매일 매시간 묵상하는 습관을 기른다.

4) 매일 침묵기도를 한다.(적어도 5분, 센터링 침묵기도 혹은 예수기도)

5) 일주일에 하루는 금식한다.(자신의 상황과 건강 상태에 따라 오후 3시까지, 혹은 점심 이후 다음날 아침까지, 24시간 등 시간을 정한다. 또는 가장 좋아하는 음식만 절제하든지 절식할 수도 있다.)

6) 『영적 훈련과 성장』(리처드 포스터)을 매일 적당한 분량을 정해 읽는다.

7) 경건 일기를 쓰며 매일의 삶을 점검하고, 하나님께서 어떻게 내 삶에 오셔서 인도하고 말씀하셨는지를 경건 일기(위에 예시한 내용으로)에 기록한다. 또한 성령께서 원하시는 삶을 살기 위한 결단을 정리한다.(웨슬리의 "경건생활을 위한 자기 성찰" 참조, 적어도 15분 정도 필요함)

8) 하루에 한 가지, 자신의 이익과 관계되지 않은 일, 남을 위한 온전한 봉사를 계획하고 실천한다.(병자 방문, 소외된 사람과의 대화, 어려움 당하는 이들에게 전화하기, 교회 봉사, 친절한 태도와 언사, 미소 짓기, 동냥 구하는 이를 거절하지 않기, 감사편지 쓰기 등)

9) 기도 파트너와 서로를 위해 기도하고, 각자의 경험을 직접 만나거나 전화로 적어도 일주일에 한 번은 나눈다.

10) 일과 속에서 화살기도를 연습한다.

셋째 주 : 의롭다 하심의 은총 (칭의의 은총)

주제 : 하나님과의 올바른 관계 회복

1. 찬양과 기도로 모임을 시작합니다.

추천하는 찬송 : 403장(나 위하여 십자가의), 404장(그 크신 하나님의 사랑),
405장(나 같은 죄인 살리신), 340장(구주 예수 의지함이)

2. 그룹 나눔

지난 주간 삶에서 하나님의 현존을 어떻게 경험했습니까? 하나님의 회개케
하시는 은총을 어떻게 경험했습니까? 혹시 하나님께서 멀리 계신 것같이 느
껴지지는 않았습니까? 경험을 함께 나눕시다. 당신에게 어떤 영성수련이 어
떻게 도움이 됩니까? 어떤 것이 도움이 되지 않습니까? 어려움은 없습니까?

3. 지난 주 개인 영성수련은 어떠했습니까?

매일 하는 개인 경건 연습 : 다음의 경건 연습을 철저히 지키기 위해 최선을
다합시다.

매일 하는 개인 영성수련을 위한 지침

1) 교회의 모든 집회와 예배에 참여한다.

2) 매일 자신과 가족을 위해 기도한다.(적어도 30분)

3) 성서를 읽고 매일 매시간 묵상하는 습관을 기른다.

4) 매일 침묵기도를 한다.(적어도 5분, 센터링 침묵기도 혹은 예수기도)

5) 일주일에 하루는 금식한다.(자신의 상황과 건강 상태에 따라 오후 3시까지, 혹은 점심 이후 다음날 아침까지, 24시간 등 시간을 정한다. 또는 가장 좋아하는 음식만 절제하든지 절식할 수도 있다.)

6) 「영적 훈련과 성장」(리처드 포스터)을 매일 적당한 분량을 정해 읽는다.

7) 경건 일기를 쓰며 매일의 삶을 점검하고, 하나님께서 어떻게 내 삶에 오셔서 인도하고 말씀하셨는지를 경건 일기(위에 예시한 내용으로)에 기록한다. 또한 성령께서 원하시는 삶을 살기 위한 결단을 정리한다.(웨슬리의 "경건생활을 위한 자기 성찰" 참조, 적어도 15분 정도 필요함)

8) 하루에 한 가지, 자신의 이익과 관계되지 않은 일, 남을 위한 온전한 봉사를 계획하고 실천한다.(병자 방문, 소외된 사람과의 대화, 어려움 당하는 이들에게 전화하기, 교회 봉사, 친절한 태도와 언사, 미소 짓기, 동냥 구하는 이를 거절하지 않기, 감사편지 쓰기 등)

9) 기도 파트너와 서로를 위해 기도하고, 각자의 경험을 직접 만나거나 전화로 적어도 일주일에 한 번은 나눈다.

10) 일과 속에서 화살기도를 연습한다.

웨슬리 영성수련 프로그램

4. **묵상을 위한 말씀** : 누가복음 7:36-50; 누가복음 15:11-24; 시편 34;
   로마서 310-28; 로마서 7:18-24

   1) **묵상의 초점**

   '나 같은 죄인 살리신' 하나님의 은혜를 음미하는 주간이 되기 바랍니
   다. 자신이 죄인임을 통절하게 느끼고 처음으로 회개하였던 때를 회상해
   보십시오. 그리고 하나님의 의롭다 하시는 칭의의 은총이 임했을 때, 또
   한 지금도 남아 있는 죄악성이 나를 괴롭힐 때마다 십자가의 칭의의 은총
   이 임하는 것을 말씀과 함께 묵상하기 바랍니다. 하나님의 독생자 예수
   그리스도의 십자가 공로로 그를 믿는 자를 의롭다고 인정해 주시는 하나
   님의 무조건적 사랑과 은혜의 말씀에서 당신에게 무엇을 말씀하시는지
   묵상하고, 그 경험과 느낌을 경건 일기에 적어 보기 바랍니다.

   2) **함께 말씀을 묵상함** : 누가복음 7:36-50

   • 성경 말씀을 함께 읽으십시오.
   • 할 수 있는 대로 생생하게 성서의 장면을 마음으로 그려 보십시오.(날
     씨, 시간 등)
   • 그 안에 있는 자신을 보기 위해 노력하십시오.
   • 성서의 한 인물로, 혹은 관객이나 관찰자로 자신을 그려 보십시오. 그
     리고 그 안에서 무엇이든 해 보십시오. 예수님과 자유롭게 말씀을 나
     누어 보아도 좋습니다. 자신을 풍성한 상상의 세계로 자유롭게 나아가
     게 하십시오.
   • 성서는 예수님을 만나는 출발점이 될 것입니다.
   • 중요하게 생각되며, 감동으로 마음을 흔들어 놓는 말씀이나 생각이나
     이미지가 있는지 주의 깊게 보십시오.
   • 그런 말씀이나 이미지가 있으면 거기에 오래 머물면서 하나님의 은혜
     를 즐기십시오.

3) 이미지를 통한 말씀 묵상을 위한 도움의 말

- 구체적으로 마음에 어떤 것을 그리려고 노력하지 마십시오.
- 단순히 말씀의 주제를 생각하고 그 장면 안으로 들어가십시오. 예를 들면
  - 자연 풍경, 산, 골짜기, 바다, 강 등을 떠올리고, 실내인지 혹은 실외인지, 시골인지 도시인지를 생각해 보십시오.
  - 시간도 구체적으로 낮인지 밤인지, 어떤 계절인지, 날씨는 더운지 추운지 비가 오는지 등을 생각해 보십시오.
  - 혹시 음식 냄새, 동물 혹은 향수 냄새 등이 나는지, 무슨 소리가 들리지는 않는지 생각해 보십시오.
  - 혹시 그 곳에 누가 있습니까? 있다면 얼마나 많은 이들이 있습니까?
  - 그들은 어떠한 모습입니까? 앉아 있는지 서 있는지 누워 있는지, 가까이에 있는지 멀리 있는지 생각해 보십시오.
  - 그들은 무엇을 하고 있습니까? (함께 있는지 아니면 서로 떨어져 있는지 등)
  - 그들은 무슨 말을 하고 있나요? 어떤 분위기입니까? (긴장, 축제, 분노, 슬픔 등)
  - 그 장면 안에서 당신은 어디에 있습니까? 당신은 예수님의 눈으로 이 장면을 보고 있습니까, 아니면 제자의 눈으로 보고 있습니까? 당신이 주역입니까, 혹은 군중의 한 사람입니까?
  - 사람들의 얼굴 표정을 보십시오.
  - 예수님의 말씀을 들으십시오. 사람들의 이야기 소리가 들립니까?
  - 어떤 냄새가 납니까?
  - 어떤 감각이나 촉감이 느껴지지는 않습니까?
  - 음식이나 음료의 맛을 느낄 수 있습니까?

4) 예수님과의 대화

- 이미지를 통한 말씀 묵상이 끝나면 무엇을 경험했는지 예수님과 대화를 시작해 보십시오.
- 친구에게 이야기하듯 예수님에게 말씀하십시오. 이것은 무엇을 부탁하거나 요구하는 종류의 기도 형식이 아닙니다. 당신 자신의 경험을 말하면서 자신을 좀더 열어 보이는 과정입니다.
  - 예수님에게 내가 경험한 어떤 것에 대해 말하기를 원하는지 생각해 보십시오.
  - 예수님은 그것에 어떻게 반응하셨습니까? 기뻐하셨나요, 슬퍼하셨나요, 화를 내셨나요, 괴로워하셨나요? 말씀을 들으려고 노력하거나 그림처럼 보려고 하지 마십시오. 이와 같은 질문을 가지고 예수님의 모습을 생각해 보십시오.
  - 예수님의 어떤 반응이 당신을 화나게, 혹은 기쁘고 행복하게, 혹은 슬프게 했는지 예수님에게 크게 말하십시오. 그리고 다시 예수님이 하시는 말씀을 들어 보십시오.
  - 나는 예수님에게 _____ 라고 말씀을 드린다.
    예수님의 반응은 _____ 인 것 같다.
    그 말씀은 내게 _____ 을 느끼게 한다.
    나는 예수님에게 _____ 라고 말씀드린다.
    예수님은 _____ 라고 대답하신다.
- 이와 같은 방법으로 예수님과 대화를 계속하십시오.

* 그 외에 아래와 같이 질문을 해 볼 수도 있습니다.

5) 예수님에게 초점을 맞추어서
  - 예수님이 어떤 모습으로 보입니까? (당당하게, 친절하고 부드럽게, 강하게, 가까이, 멀리 등)

- 예수님의 분위기는 어떻습니까? 예수님은 행복해 보입니까, 아니면 어떤 상태로 보입니까?
- 예수님은 지금 당신에게 무엇을 하기를 원하십니까?
- 예수님은 지금 당신과 함께 계시면서 무엇을 원하십니까?
- 예수님은 당신에 대해서는 어떻게 생각하십니까?
- 예수님은 당신의 어떤 점을 좋아하십니까?

6) 나의 느낌에 **초점을 맞추어서**
- 당신은 지금 예수님이 당신에게 하시는 말씀을 좋아합니까?
- 예수님의 말씀에 대해 어떤 것은 좋고 어떤 것은 싫다고 자유롭게 말할 수 있습니까?
- 예수님에 대한 당신의 느낌을 그분에게 자유롭게 말할 수 있습니까?
- 자유롭게 말할 수 없다면 무엇 때문인지, 당신이 무엇을 두려워하는지 예수님에게 말할 수 있습니까?
- 예수님이 당신을 존귀하게 여기시는 것을 느낄 수 있습니까?
- 예수님이 당신의 느낌을 알아주시는지 깨달을 수 있습니까?
- 당신은 예수님에게 무엇을 가장 원합니까?

7) 마음의 귀를 깨끗이 하기 위하여
　　예수님이 하시는 말씀을 듣는 것은 쉬운 일이 아닙니다. 예수님이 더욱 분명하게 말씀하시도록 마음을 열기 위해 다음의 질문이 도움이 될 것입니다.
- 진실로 예수님이 당신에게 말씀하시기를 원합니까?
- 예수님이 어떤 말씀을 하실까 봐 두려워하지는 않습니까?
- 예수님은 당신의 부모님이 말씀하셨던 것과 비슷한 말씀을 하십니까?
- 이 정황에서 당신은 무엇을 원합니까?
- 예수님이 당신의 느낌과 염려를 진지하게 받아들이실 것이라고 생각합니까?

8) 묵상 정리

기도 중의 생각과 감정을 경건 일기에 기록해 보십시오. 어떤 이미지나 깊은 깨달음이 있었는지, 특별한 경험은 없었는지 글로 적어 보기 바랍니다.

9) 그룹 나눔 : 말씀을 묵상하는 중에 경험하거나 깨달은 것을 함께 나누기 바랍니다.

5. '밴드 모임의 규칙과 지침' 을 함께 읽음

웨슬리 시대에 하나님 뜻대로 살고자 노력했던 밴드의 정신을 다시 생각해 보며, 그 정신을 배우는 시간을 갖습니다. 밴드의 정신을 오늘날에 맞게 적용하는 방법에 대한 지혜를 서로 나눕니다. (부록 참조)

6. 개인 영성수련에 대한 안내를 합니다.

7. 성만찬으로 집회를 마칩니다.

주제 : 칭의의 은혜

하나님은 그리스도의 십자가 공로를 통하여
회개한 우리를 의롭다고 인정해 주신다.
이 은총을 칭의의 은혜라고 한다.
죄의 속성과 하나님의 형상을 상실한 인간의 모습,
고뇌 속에 찾아오시는 하나님과 그리스도의 십자가의 은총,
하나님의 의롭다 하시는 사랑의 은총에 대한 감사 등에 관하여 묵상한다.

1. **찬양** : 찬양으로 하루를 시작하십시오. 찬송 속에서 하나님의 칭의의 은총,
우리를 그리스도의 십자가를 통해 의롭다고 보아 주시는 사랑을 느껴 보기
바랍니다.

   추천하는 찬송 : 403장(나 위하여 십자가의), 404장(그 크신 하나님의 사랑),
   405장(나 같은 죄인 살리신), 340장(구주 예수 의지함이)

2. **기도** : 부록에 있는 웨슬리의 매일 아침에 하는 질문과 아침 기도문, 저녁에
하는 질문과 저녁 기도문으로 하루를 시작하고 마칩니다.

3. **묵상을 위한 말씀**: 누가복음 15:11-24; 시편 34; 로마서 3:10-28; 로마서 7:18-24

1) 말씀 묵상

우선 말씀을 선택하여 읽으십시오. 그룹 영성수련에서 묵상했던 말씀을 계속 묵상할 수도 있고, 다른 말씀을 묵상할 수도 있습니다. 아래에 제시한 질문에 초점을 두고 하나님의 음성에 귀 기울이며 깊은 영적 성찰을 하기 바랍니다.

2) 묵상의 초점

'나 같은 죄인 살리신' 하나님의 은혜를 음미하는 주간이 되기 바랍니다. 자신이 죄인임을 통절하게 느끼고 처음으로 회개하였던 때를 회상해 보기 바랍니다. 그리고 하나님의 의롭다 하시는 칭의의 은총이 임했을 때, 또한 지금도 여전히 남아 있는 죄악성이 나를 괴롭힐 때마다 십자가의 칭의의 은총이 임하는 것을 말씀과 함께 묵상하기 바랍니다. 하나님의 독생자 예수 그리스도의 십자가 공로로 그를 믿는 자를 의롭다고 인정해 주시는 하나님의 무조건적 사랑과 은혜의 말씀에서 당신에게 무엇을 말씀하시는지 묵상하고, 그 경험과 느낌을 경건 일기에 기록해 보기 바랍니다.

* 누가복음 15:11-24는 그룹 영성수련에서 배운 "이미지를 사용하는 기도"로 묵상하기 바랍니다.
* 성경 말씀을 읽으십시오.
* 정경을 생생하게 그림처럼 그려 보십시오.
* 당신이 성서의 그 상황 안에 있다고 생각해 보십시오.
* 예수님의 비유에 나오는 인물들과 이야기를 나누어 보십시오. 자유롭게 상상의 날개를 펴서 말씀을 묵상해 보십시오.
* 성서 말씀은 예수님과 당신을 연결시켜 주는 디딤돌이 될 것입니다.
* 당신에게 중요한 것, 감동을 주는 것, 다른 생각을 불러일으키는 것을 찾아보십시오. 감동을 주는 부분에 오래 머물면서 하나님의 은혜를 음미하

십시오.

3) 말씀 묵상을 돕기 위해

- 당신 마음에 떠오르는 하나님은 어떤 모습입니까? 평소에 그려 왔던 하나님의 모습에 대해 잠시 생각해 보십시오.
- 탕자가 아버지 집으로 돌아왔을 때, 아버지는 그를 결코 자기 곁을 떠난 적이 없었던 것처럼 받아 주었습니다. 탕자와 같았던 당신을 이러한 사랑으로 받아 주고 허물을 감싸 안아 주었던 사람이 있습니까?
- 이러한 감격적인 경험에 대해 이야기해 보십시오. 그리고 글로 충분히 써 보십시오.

4) 예수님과의 대화

- 이미지를 통한 말씀 묵상이 끝나면, 무엇을 경험했는지 예수님과 대화를 시작해 보십시오.
- 친구에게 이야기하듯 예수님에게 말씀하십시오. 이것은 무엇을 부탁하거나 요구하는 종류의 기도 형식이 아닙니다. 당신 자신의 경험을 말하면서 자신을 좀더 열어 보이는 과정입니다.
  - 예수님에게 내가 경험한 어떤 것에 대해 말하기를 원합니까?.
  - 예수님은 그것에 어떻게 반응하셨습니까? 기뻐하셨나요, 슬퍼하셨나요, 화를 내셨나요, 괴로워하셨나요? 말씀을 들으려고 노력하거나 그림처럼 보려고 하지 마십시오. 이와 같은 질문을 가지고 예수님의 모습을 생각해 보십시오.
  - 예수님의 어떤 반응이 당신을 화나게, 혹은 기쁘고 행복하게, 혹은 슬프게 했는지 예수님에게 크게 말하십시오. 그리고 다시 예수님이 하시는 말씀을 들어 보십시오.
  - 나는 예수님에게 ＿＿＿＿＿＿＿ 라고 말씀을 드린다.
    예수님의 반응은 ＿＿＿＿＿＿＿ 인 것 같다.

그 말씀은 내게 _____ 을 느끼게 한다.

나는 예수님에게 _____ 라고 말씀드린다.

예수님은 _____ 라고 대답하신다.

- 이와 같은 방법으로 예수님과 대화를 계속하십시오.

* 그 외에 아래와 같이 질문을 해 볼 수도 있습니다.

5) 예수님에게 초점을 맞추어서

- 예수님이 어떤 모습으로 보입니까? (당당하게, 친절하고 부드럽게, 강하게, 가까이, 멀리 등)
- 예수님의 분위기는 어떻습니까? 예수님은 행복해 보입니까, 아니면 어떤 상태로 보입니까?
- 예수님은 지금 당신에게 무엇을 하기를 원하십니까?
- 예수님은 지금 당신과 함께 계시면서 무엇을 원하십니까?
- 예수님은 당신에 대해서는 어떻게 생각하십니까?
- 예수님은 당신의 어떤 점을 좋아하십니까?

6) 나의 느낌에 초점을 맞추어서

- 당신은 지금 예수님이 당신에게 하시는 말씀을 좋아합니까?
- 예수님의 말씀에 대해 어떤 것은 좋고 어떤 것은 싫다고 자유롭게 말할 수 있습니까?
- 예수님에 대한 당신의 느낌을 그분에게 자유롭게 말할 수 있습니까?
- 자유롭게 말할 수 없다면 무엇 때문인지, 당신이 무엇을 두려워하는지 예수님에게 말할 수 있습니까?
- 예수님이 당신을 존귀하게 여기시는 것을 느낄 수 있습니까?
- 예수님이 당신의 느낌을 알아주시는지 깨달을 수 있습니까?

- 당신은 예수님에게 무엇을 가장 원합니까?

7) 마음의 귀를 깨끗이 하기 위하여

예수님이 하시는 말씀을 듣는 것은 쉬운 일이 아닙니다. 예수님이 더욱 분명하게 말씀하시도록 마음을 열기 위해 다음의 질문이 도움이 될 것입니다.

- 진실로 예수님이 당신에게 말씀하시기를 원합니까?
- 예수님이 어떤 말씀을 하실까 봐 두려워하지는 않습니까?
- 예수님은 당신의 부모님이 말씀하셨던 것과 비슷한 말씀을 하십니까?
- 이 정황에서 당신은 무엇을 원합니까?
- 예수님이 당신의 느낌과 염려를 진지하게 받아들이실 것이라고 생각합니까?

8) 묵상 정리

묵상 중에 경험한 것들(생각, 이미지, 통찰력, 들려온 말씀, 깨달은 말씀 등)을 경건 일기에 기록해 보십시오.

4. **매일 하는 개인 경건 연습** : 다음의 경건 연습을 철저히 지키기 위해 최선을 다합시다.

매일 하는 개인 영성수련을 위한 지침

1) 교회의 모든 집회와 예배에 참여한다.

2) 매일 자신과 가족을 위해 기도한다.(적어도 30분)

3) 성서를 읽고 매일 매시간 묵상하는 습관을 기른다.

4) 매일 침묵기도를 한다.(적어도 5분, 센터링 침묵기도 혹은 예수기도)

5) 일주일에 하루는 금식한다.(자신의 상황과 건강 상태에 따라 오후 3시까지, 혹은 점심 이후 다음날 아침까지, 24시간 등 시간을 정한다. 또는 가장 좋아하는 음식만 절제하든지 절식할 수도 있다.)

6) 「영적 훈련과 성장」(리처드 포스터)을 매일 적당한 분량을 정해 읽는다.

7) 경건 일기를 쓰며 매일의 삶을 점검하고, 하나님께서 어떻게 내 삶에 오셔서 인도하고 말씀하셨는지를 경건 일기(위에 예시한 내용으로)에 기록한다. 또한 성령께서 원하시는 삶을 살기 위한 결단을 정리한다.(웨슬리의 "경건생활을 위한 자기 성찰" 참조, 적어도 15분 정도 필요함)

8) 하루에 한 가지, 자신의 이익과 관계되지 않은 일, 남을 위한 온전한 봉사를 계획하고 실천한다.(병자 방문, 소외된 사람과의 대화, 어려움 당하는 이들에게 전화하기, 교회 봉사, 친절한 태도와 언사, 미소 짓기, 동냥 구하는 이를 거절하지 않기, 감사편지 쓰기 등)

9) 기도 파트너와 서로를 위해 기도하고, 각자의 경험을 직접 만나거나 전화로 적어도 일주일에 한 번은 나눈다.

10) 일과 속에서 화살기도를 연습한다.

넷째 주 : 거듭남의 은총

주제 : 새로 태어나게 하시는 은총

1. 찬양과 기도로 모임을 시작합니다.

추천하는 찬송 : 204장(예수로 나의 구주 삼고), 169장(강물같이 흐르는 기쁨),
465장(구주와 함께 나 죽었으니)

2. 그룹 나눔

지난 주간 당신의 삶에 하나님께서 어떻게 현존하셨습니까? 하나님을 가장
가까이 느낀 순간은 언제입니까? 언제 가장 감사했습니까? 하나님의 칭의의
은총을 어떻게 경험했는지, 아니면 혹시 하나님께서 멀리 계신 것 같은 경험
을 하지는 않았는지 함께 나눕시다.

3. 지난 주 개인 영성수련은 어떠했습니까?

매일 하는 개인 경건 연습 : 다음의 경건 연습을 철저히 지키기 위해 최선을
다합시다.

매일 하는 개인 영성수련을 위한 지침

1) 교회의 모든 집회와 예배에 참여한다.

2) 매일 자신과 가족을 위해 기도한다.(적어도 30분)

3) 성서를 읽고 매일 매시간 묵상하는 습관을 기른다.

4) 매일 침묵기도를 한다.(적어도 5분, 센터링 침묵기도 혹은 예수기도)

5) 일주일에 하루는 금식한다.(자신의 상황과 건강 상태에 따라 오후 3시까지, 혹은 점심 이후 다음날 아침까지, 24시간 등 시간을 정한다. 또는 가장 좋아하는 음식만 절제하든지 절식할 수도 있다.)

6) 「영적 훈련과 성장」(리처드 포스터)을 매일 적당한 분량을 정해 읽는다.

7) 경건 일기를 쓰며 매일의 삶을 점검하고, 하나님께서 어떻게 내 삶에 오셔서 인도하고 말씀하셨는지를 경건 일기(위에 예시한 내용으로)에 기록한다. 또한 성령께서 원하시는 삶을 살기 위한 결단을 정리한다.(웨슬리의 "경건생활을 위한 자기 성찰" 참조, 적어도 15분 정도 필요함)

8) 하루에 한 가지, 자신의 이익과 관계되지 않은 일, 남을 위한 온전한 봉사를 계획하고 실천한다.(병자 방문, 소외된 사람과의 대화, 어려움 당하는 이들에게 전화하기, 교회 봉사, 친절한 태도와 언사, 미소 짓기, 동냥 구하는 이를 거절하지 않기, 감사편지 쓰기 등)

9) 기도 파트너와 서로를 위해 기도하고, 각자의 경험을 직접 만나거나 전화로 적어도 일주일에 한 번은 나눈다.

10) 일과 속에서 화살기도를 연습한다.

4. 묵상을 위한 말씀 : 요한복음 3:1-15; 로마서 8:1-17; 고린도후서 5:17;
  갈라디아서 2:20 시편 84; 시편 130

  ### 1) 묵상의 초점

  - 죄인인 우리에게 하나님께서 그리스도의 십자가 은총을 통해 의롭다 하시는 은총을 주십니다. 이것을 믿는 믿음으로 일어나는 또 하나의 은총을 거듭남의 은총이라고 합니다.
  - 이 때 그리스도의 보혈로 구속함을 받아서 의인화되는 그리스도의 은총을 신뢰하게 되었음을 고백하고, 죄와 사망의 법에서 자신을 구원하고 해방케 하시는 성령의 거듭남의 확증을 얻게 됩니다.
  - 의인화(칭의)가 하나님과의 올바른 관계 회복이라면, 거듭남은 실제적 변화요, 속사람이 변하여 예수님의 성품을 총체적으로 본받기 시작하는 것입니다.
  - 이렇게 새로 태어나는 감격과 기쁨과 감사를 중심으로, 다음 말씀을 묵상하기 바랍니다.
  - 새롭게 태어났던 경험과 매일 새롭게 태어나는 경험을 정리해 보십시오.
  - 그 느낌이나 생각, 이미지, 통찰력, 깨달은 말씀 등과 더불어 하나님께서 말씀에서 어떤 메시지를 주시는지 경건 일기에 적어 보기 바랍니다.

  ### 2) 함께 말씀을 묵상함 : 요한복음 3:1-15(본회퍼의 묵상 방법을 사용)

  - 사랑하는 사람이 한 말이나 어귀를 계속 생각하는 것과 같이 성경 말씀을 묵상하십시오.
  - 말씀을 세밀하게 분석하거나 분해하지 말고 그대로 받아들이십시오. 그리고 그 말씀을 마음으로 생각하고 묵상하십시오.
  - 묵상 중에 말씀을 다른 사람에게 가르쳐야겠다는 생각을 하지 말고 자신에게만 집중하여 자신에게 주시는 하나님의 말씀으로 받아들이십시오.
  - 읽은 본문을 모두 묵상하려고 하지 말고 한 단어나 어귀를 하루 종일

묵상하십시오. 말씀이 하루의 삶을 이끌어 가게 맡기십시오.

- 묵상 중에 떠오르는 사람이 있으면, 그 때 그 사람을 위해 아주 간단히 기도하십시오. 묵상 중에 그 사람을 위해 어떤 기도를 할 것인지 성령의 인도를 받는 기회가 됩니다. 그러나 중보기도 때문에 자신의 영혼을 위한 말씀 묵상이 방해받지 않게 조심하십시오.

3) 말씀 묵상과 집중을 위하여

- 매일 15분 이상 묵상하는 훈련이 필요합니다.
- 인내심이 필요합니다.
- 여러 가지 생각 때문에 집중할 수 없다고 쉽게 낙심하지 말고 계속 노력해 보십시오. 매일 자리에 앉아서 인내심을 가지고 기다리십시오.
- 곧 자신에게 맞는 은혜의 시간과 방법을 발견하게 될 것입니다. 매일 같은 말씀을 씹고, 되새기고, 말씀의 맛을 보는 시간을 가지십시오. 같은 말씀을 며칠 동안 묵상하십시오. 그 말씀을 자연히 외우게 될 것입니다.
- 한 주일에 10-15절 정도가 적합하며, 매일 다른 말씀으로 바꾸지 마십시오.

4) 하나님과 대화할 때 다음 네 가지를 기억하십시오.

- 모든 것에서 자유로운 마음으로 하나님 앞에 경건하게 나아가십시오. 이렇게 하기 위해서는 하나님께 올바르고 순수하게 기도하지 못하게 하는 생각과 마음을 말끔히 제거해야 합니다. 정신적인 산만함과 분주한 생각에서 자유하십시오. 당신의 마음이 경외, 찬양, 하나님의 거룩하신 임재에 열릴 수 있게 노력하십시오.
- 진지함과 겸허한 마음으로 기도하십시오. 남에게 보이거나 듣게 하기 위한 형식적인 기도를 하지 마십시오. 기도문을 멋있게 암송하거나 중언부언하는 식의 기도를 피하십시오.
- 하나님 앞에 겸손히 서서 죄를 고백하십시오. 그리고 하나님의 용서와 자비를 구하십시오.

・당신의 기도가 응답될 것을 믿고 확신하십시오.

5) 묵상 정리

기도 중의 느낌과 생각과 감정을 경건 일기에 써 보십시오. 어떤 이미지나 깊은 깨달음, 그 외에 어떤 경험이 있었는지 글로 적어 보기 바랍니다.

6) 그룹 나눔 : 말씀을 묵상하는 중에 경험하거나 깨달은 것을 함께 나눕시다.

5. '밴드 모임의 규칙과 지침'을 함께 읽음

웨슬리 시대에 하나님 뜻대로 살고자 노력했던 밴드의 정신을 다시 생각해 보며, 그 정신을 배우는 시간을 갖습니다. 밴드의 정신을 오늘날에 맞게 적용하는 방법에 대한 지혜를 모읍니다.(부록 참조)

6. 개인 영성수련에 대한 안내를 합니다.

7. 성만찬으로 집회를 마칩니다.

주제 : 새로 태어나게 하시는 하나님의 은총

그리스도의 십자가 은총을 통해
하나님의 의롭다 하시는 은총을 믿는 믿음으로 일어나는
또 하나의 은총을 거듭남의 은총이라고 한다.
이 때 그리스도의 보혈의 피로 구속함을 받아서
의인화되는 그리스도의 은총을 신뢰하게 되었음을 고백하고,
죄와 사망의 법에서 자신을 구원하고 해방케 하시는
성령의 거듭남의 확증을 얻게 된다.
의인화가 하나님과의 올바른 관계 회복이라면,
거듭남은 실제적 변화요, 속사람이 변하여
예수님의 성품을 총체적으로 본받기 시작하는 것이다.

1. **찬양** : 찬양으로 하루를 시작하십시오. 찬송 속에서 하나님께서 우리를 새로 태어나게 하시는 은총을 다시 경험하기 바랍니다.

   추천하는 찬송 : 204장(예수로 나의 구주 삼고), 169장(강물같이 흐르는 기쁨),
   　　　　　　　465장(구주와 함께 나 죽었으니)

2. **기도** : 부록에 있는 웨슬리의 매일 아침에 하는 질문과 아침 기도문, 저녁에

하는 질문과 저녁 기도문으로 하루를 시작하고 마칩니다.

3. **묵상을 위한 말씀**: 요한복음 3:1-15; 로마서 8:1-17; 고린도후서 5:17; 갈라디아서 2:20; 시편 84; 시편 130

　1) **말씀 묵상**

　　우선 말씀을 선택하여 읽으십시오. 그리고 그룹 영성수련 시간에 했던 묵상 방법으로 말씀을 묵상하십시오. 아래에 제시된 사항에 초점을 두고 하나님의 음성에 귀 기울이며 깊은 영적 성찰을 하기 바랍니다.

　2) **묵상의 초점**

　　• 죄인인 우리에게 하나님께서 그리스도의 십자가 은총을 통해 의롭다 하시는 은총을 주십니다. 이것을 믿는 믿음으로 일어나는 또 하나의 은총을 거듭남의 은총이라고 합니다.

　　• 이 때 그리스도의 보혈로 구속함을 받아서 의인화되는 그리스도의 은총을 신뢰하게 되었음을 고백하고, 죄와 사망의 법에서 자신을 구원하고 해방케 하시는 성령의 거듭남의 확증을 얻게 됩니다.

　　• 의인화(칭의)가 하나님과의 올바른 관계 회복이라면, 거듭남은 실제적 변화요, 속사람이 변하여 예수님의 성품을 총체적으로 본받기 시작하는 것입니다.

　　• 이렇게 새로 태어나는 감격과 기쁨과 감사를 중심으로, 다음 말씀을 묵상하기 바랍니다.

　　• 새롭게 태어났던 경험과 매일 새롭게 태어나는 경험을 정리해 보십시오.

　　• 그 느낌이나 생각, 이미지, 통찰력, 깨달은 말씀 등과 더불어 하나님께서 말씀에서 어떤 메시지를 주시는지 경건 일기에 적어 보기 바랍니다.

3) 성서를 묵상하는 방법

그 동안 배운 묵상 방법 중 자신에게 가장 편안한 방법을 선택하여 말씀을 묵상합니다. 여기 제시된 방법을 사용할 수도 있습니다. 말씀 묵상은 주 기도문이나 짧은 기도로 마칩니다.

4) 말씀 묵상(본회퍼의 묵상 방법으로)

5) 묵상 정리

기도 중의 느낌과 생각과 감정을 경건 일기에 기록해 보십시오. 어떤 이미지나 깊은 깨달음이 있었는지, 그 외에 어떤 경험이 있었는지 글로 적어 보기 바랍니다.

4. 매일 하는 개인 경건 연습 : 다음의 경건 연습을 철저히 지키기 위해 최선을 다하십시오.

매일 하는 개인 영성수련을 위한 지침

1) 교회의 모든 집회와 예배에 참여한다.

2) 매일 자신과 가족을 위해 기도한다.(적어도 30분)

3) 성서를 읽고 매일 매시간 묵상하는 습관을 기른다.

4) 매일 침묵기도를 한다.(적어도 5분, 센터링 침묵기도 혹은 예수기도)

5) 일주일에 하루는 금식한다.(자신의 상황과 건강 상태에 따라 오후 3시까지, 혹은 점심 이후 다음날 아침까지, 24시간 등 시간을 정한다. 또는 가장 좋아하는 음식만 절제하든지 절식할 수도 있다.)

6) 「영적 훈련과 성장」(리처드 포스터)을 매일 적당한 분량을 정해 읽는다.

7) 경건 일기를 쓰며 매일의 삶을 점검하고, 하나님께서 어떻게 내 삶에 오셔서 인도하고 말씀하셨는지를 경건 일기(위에 예시한 내용으로)에 기록한다. 또한 성령께서 원하시는 삶을 살기 위한 결단을 정리한다.(웨슬리의 "경건생활을 위한 자기 성찰" 참조, 적어도 15분 정도 필요함)

8) 하루에 한 가지, 자신의 이익과 관계되지 않은 일, 남을 위한 온전한 봉사를 계획하고 실천한다.(병자 방문, 소외된 사람과의 대화, 어려움 당하는 이들에게 전화하기, 교회 봉사, 친절한 태도와 언사, 미소 짓기, 동냥 구하는 이를 거절하지 않기, 감사편지 쓰기 등)

9) 기도 파트너와 서로를 위해 기도하고, 각자의 경험을 직접 만나거나 전화로 적어도 일주일에 한 번은 나눈다.

10) 일과 속에서 화살기도를 연습한다.

다섯째 주 : 성화의 은총

그룹 영성수련

주제 : 하나님의 형상을 회복해 가는 성화의 은총

1. 찬양과 기도로 모임을 시작합니다.

추천하는 찬송 : 507장(주님의 마음을 본받는 자), 506장(예수 더 알기 원함은),

508장(주와 같이 되기를), 456장(주와 같이 길 가는 것)

2. 그룹 나눔

지난 주간 삶에 하나님께서 어떻게 현존하셨습니까? 하나님을 가까이 느꼈던 때는 언제이며, 가장 감사할 일은 무엇입니까? 매일 새롭게 태어나게 하시는 하나님의 은총을 어떻게 경험했습니까? 혹시 하나님께서 멀리 계신 것같이 느껴진 적은 없습니까? 경험을 서로 나눕시다.

3. 지난 주 개인 영성수련은 어떠했습니까?

매일 하는 개인 경건 연습 : 다음의 경건 연습을 철저히 지키기 위해 최선을 다합시다.

매일 하는 개인 영성수련을 위한 지침

1) 교회의 모든 집회와 예배에 참여한다.

2) 매일 자신과 가족을 위해 기도한다.(적어도 30분)

3) 성서를 읽고 매일 매시간 묵상하는 습관을 기른다.

4) 매일 침묵기도를 한다.(적어도 5분, 센터링 침묵기도 혹은 예수기도)

5) 일주일에 하루는 금식한다.(자신의 상황과 건강 상태에 따라 오후 3시까지, 혹은 점심 이후 다음날 아침까지, 24시간 등 시간을 정한다. 또는 가장 좋아하는 음식만 절제하든지 절식할 수도 있다.)

6) 『영적 훈련과 성장』(리처드 포스터)을 매일 적당한 분량을 정해 읽는다.

7) 경건 일기를 쓰며 매일의 삶을 점검하고, 하나님께서 어떻게 내 삶에 오셔서 인도하고 말씀하셨는지를 경건 일기(위에 예시한 내용으로)에 기록한다. 또한 성령께서 원하시는 삶을 살기 위한 결단을 정리한다.(웨슬리의 "경건생활을 위한 자기 성찰" 참조, 적어도 15분 정도 필요함)

8) 하루에 한 가지, 자신의 이익과 관계되지 않은 일, 남을 위한 온전한 봉사를 계획하고 실천한다.(병자 방문, 소외된 사람과의 대화, 어려움 당하는 이들에게 전화하기, 교회 봉사, 친절한 태도와 언사, 미소 짓기, 동냥 구하는 이를 거절하지 않기, 감사편지 쓰기 등)

9) 기도 파트너와 서로를 위해 기도하고, 각자의 경험을 직접 만나거나 전화로 적어도 일주일에 한 번은 나눈다.

10) 일과 속에서 화살기도를 연습한다.

4. 묵상을 위한 말씀: 베드로전서 1:13-21; 히브리서 12:14; 마태복음 5:3-12; 야고보서 2:14-26; 누가복음 10:25-28; 누가복음 30-37; 갈라디아서 5:13-24; 시편 1

1) 묵상의 초점

성화는 우리 안에서 주관적으로 갱신케 하고 성화케 하는 성령의 은총으로 우리의 본성이 변화되는 은총입니다. 성화는 우리 마음에 사랑이 성령으로 부어지는 은총, 하나님의 형상을 회복하는 은총입니다. 의인화의 은총이 행위의 죄들을 사함 받는 것이라면, 성화의 은총은 내면의 죄, 즉 죄의 뿌리 혹은 원죄, 내적 죄악성을 경건의 훈련을 통하여 날마다 십자가에 못 박아 성화의 완성에 이르게 하는 은총입니다.

우리를 매일 성화시키고 성결케 하시는 하나님의 은혜를 묵상하기 바랍니다. 그리스도를 닮기 위해 당신은 어떠한 경건 훈련을 합니까? 성령의 열매(갈 5:22-23) 중 당신에게는 어떤 것이 부족하며, 이 열매를 맺기 위하여 어떠한 경건 연습이 필요합니까? 기도하고 결단하기 바랍니다.

2) 함께 말씀을 묵상함 : 갈라디아서 5:13-24

루터의 T. R. I. P. 묵상 방법 : T(Thanks 감사), R(Resent 회개), I(Intecessory 중보기도), P(Plan of Action 행동 계획)

• 말씀의 어떤 구절이 하나님께 감사(Thanks)하게 하는지 묵상해 보십시오.
• 어떤 말씀이 나에게 회개(Resent)를 촉구합니까? 말씀을 통해 회개할 것을 회개하십시오.
• 이 말씀은 무엇을 위해 누구를 위해 기도(Intercessory)하게 인도합니까? 중보기도하는 시간을 가지십시오.
• 이 말씀은 오늘 당신에게 어떤 행동을 실천(Plan of Action)하게 용기를 줍니까?

이제 예수님과 대화하는 시간을 가지십시오.

마치 친구에게 이야기하듯 예수님에게 말씀하십시오. 당신 자신의 경험을 말씀드리면서 자신을 좀더 열어 보이십시오.

3) 시편 1편을 읽고

'시냇가에 심은 나무'와 같은 느낌을 주는 사람을 두 사람만 떠올리십시오. 왜 그렇게 생각합니까? 그들의 성품의 특징은 무엇입니까? 그들은 하나님의 선하신 모습을 어떻게 보여 줍니까? 하나님을 믿음으로 삶에서 열매를 맺기 위하여 나는 어떻게, 그리고 어떤 개인적인 경건 훈련을 합니까?

4) 묵상 정리

기도 중의 느낌과 생각을 경건 일기에 써 보십시오. 어떤 이미지나 깊은 깨달음, 그 밖의 경험을 글로 적어 보기 바랍니다.

5) 그룹 나눔 : 말씀을 묵상하는 중에 경험하거나 깨달은 것을 함께 나누기 바랍니다.

5. '밴드 모임의 규칙과 지침'을 함께 읽음

웨슬리 시대에 하나님 뜻대로 살고자 노력했던 밴드의 정신을 다시 생각해 보며, 그 정신을 배우는 시간을 갖습니다. 밴드의 정신을 오늘날에 맞게 적용하는 지혜를 모읍니다. (부록 참조)

6. 개인 영성수련에 대한 안내를 합니다.

7. 성만찬으로 집회를 마칩니다.

주제 : 하나님의 형상을 회복해 가는 성화의 은총

성화는 우리 안에서 주관적으로 갱신케 하고 성화케 하는
성령의 은총으로 우리의 본성이 변화되는 은총입니다.
성화는 우리 마음에 사랑이 성령으로 부어지는 은총,
하나님의 형상을 회복하는 은총입니다.
의인화의 은총이 행위의 죄들을 사함 받는 것이라면,
성화의 은총은 내면의 죄, 즉 죄의 뿌리 혹은 원죄,
내적 죄악성을 경건의 훈련을 통하여 날마다
십자가에 못 박아 성화의 완성에 이르게 하는 은총입니다.

1. 찬양 : 찬양으로 하루를 시작하십시오. 찬송 속에서 하나님께서 우리를 성화
   시키시는 은총을 느껴 보기 바랍니다.

   추천하는 찬송 : 507장(주님의 마음을 본받는 자), 506장(예수 더 알기 원함은),
   508장(주와 같이 되기를), 456장(주와 같이 길 가는 것)

2. 기도 : 부록에 있는 웨슬리의 자기 성찰문과 기도문(아침기도와 저녁기도)을
   읽는 것으로 하루를 시작하고 마칩니다.

3. 묵상을 위한 말씀 : 베드로전서 1:13-21; 히브리서 12:14; 마태복음 5:3-12; 야고보서 2:14-26; 누가복음 10:25-28; 누가복음 30-37; 갈라디아서 5:13-24

1) 말씀 묵상

우선 말씀을 선택하여 읽으십시오. 그룹 영성수련 시간에 배운 루터의 묵상 방법이나 그 외에 그 동안 배운 묵상 방법들 중 자신에게 가장 편안한 방법을 선택할 수 있으며, 아래에 제시한 방법으로도 말씀을 묵상할 수 있습니다.

2) 묵상의 초점

성화는 우리 안에서 주관적으로 갱신케 하고 성화케 하는 성령의 은총으로 우리의 본성이 변화되는 은총입니다. 성화는 우리 마음에 사랑이 성령으로 부어지는 은총, 하나님의 형상을 회복하는 은총, 내면의 죄(의인화가 행위의 죄들을 사함 받는 것이라면), 즉 죄의 뿌리 혹은 원죄, 내적 죄악성을 날마다 십자가에 못 박는 경건의 훈련을 통하여 성화의 완성에 이르는 은총입니다.

그리스도를 닮기 위한 성화 추구를 위해 당신은 어떠한 경건 훈련을 합니까? 성령의 열매(갈 5:22-23) 중 당신에게는 어떤 것이 가장 부족합니까? 이 열매를 맺기 위하여 기도하고 결단하기 바랍니다. 우리를 매일 성화시키시고 성결케 하시는 하나님의 은혜를 묵상하기 바랍니다.

성화를 간절히 추구한 마더 테레사의 기도로 기도하십시오.

> 주님, 당신의 거룩하신 영과 빛이
> 나의 영혼을 비추고 흘러넘치게 하소서.
> 나를 통해 내 안에서 비추소서.
> 나를 만나는 모든 영혼이
> 나를 통해 내 안에 계신 당신의 빛과 현존을 경험하게 하소서.

그들이 더 이상 나의 모습을 보지 않고
내 안에 계신 당신, 예수님만을 보게 하소서.
저와 함께하소서.
내 안에 계신 당신의 빛을 비추겠습니다.
그래서 뭇 영혼들을 위해
당신을 비추는 빛이 되겠습니다. 아멘.

3) 묵상 정리

기도 중의 느낌과 생각과 감정을 경건 일기에 써 보십시오. 어떤 이미지나 깊은 깨달음, 그 밖의 경험을 글로 적어 보기 바랍니다.

4. **매일 하는 개인 경건 연습** : 다음의 경건 연습을 철저히 지키기 위해 최선을 다합시다.

매일 하는 개인 영성수련을 위한 지침

1) 교회의 모든 집회와 예배에 참여한다.

2) 매일 자신과 가족을 위해 기도한다.(적어도 30분)

3) 성서를 읽고 매일 매시간 묵상하는 습관을 기른다.

4) 매일 침묵기도를 한다.(적어도 5분, 센터링 침묵기도 혹은 예수기도)

5) 일주일에 하루는 금식한다.(자신의 상황과 건강 상태에 따라 오후 3시까지, 혹은 점심 이후 다음날 아침까지, 24시간 등 시간을 정한다. 또는 가장 좋아하는 음식만 절제하든지 절식할 수도 있다.)

6) 「영적 훈련과 성장」(리처드 포스터)을 매일 적당한 분량을 정해 읽는다.

7) 경건 일기를 쓰며 매일의 삶을 점검하고, 하나님께서 어떻게 내 삶에 오셔서 인도하고 말씀하셨는지를 경건 일기(위에 예시한 내용으로)에 기록한다. 또한 성령께서 원하시는 삶을 살기 위한 결단을 정리한다.(웨슬리의 "경건생활을 위한 자기 성찰" 참조, 적어도 15분 정도 필요함)

8) 하루에 한 가지, 자신의 이익과 관계되지 않은 일, 남을 위한 온전한 봉사를 계획하고 실천한다.(병자 방문, 소외된 사람과의 대화, 어려움 당하는 이들에게 전화하기, 교회 봉사, 친절한 태도와 언사, 미소 짓기, 동냥 구하는 이를 거절하지 않기, 감사편지 쓰기 등)

9) 기도 파트너와 서로를 위해 기도하고, 각자의 경험을 직접 만나거나 전화로 적어도 일주일에 한 번은 나눈다.

10) 일과 속에서 화살기도를 연습한다.

여섯째 주 : 기독자의 완전

주제 : 하나님의 성품에 참여하는 은총

1. 찬양과 기도로 모임을 시작합니다.

추천하는 찬송 : 212장(너 성결키 위해), 507장(주님의 마음을 본받는 자),

512장(내 주 되신 주를 참 사랑하고), 518장(신자 되기 원합니다)

2. 그룹 나눔

지난 주간 삶에 하나님께서 어떻게 현존하셨습니까? 하나님의 성화케 하시
는 은총을 어떻게 경험했습니까? 언제 하나님을 가까이 경험했는지, 감사할
일은 무엇인지, 혹시 하나님께서 멀리 계신 것 같은 경험을 하지는 않았는지
함께 나눠 봅시다.

3. 매일의 경건 연습은 어떠했습니까?

매일 하는 개인 경건 연습 : 다음의 경건 연습을 철저히 지키기 위해 최선을
다합시다.

매일 하는 개인 영성수련을 위한 지침

1) 교회의 모든 집회와 예배에 참여한다.

2) 매일 자신과 가족을 위해 기도한다.(적어도 30분)

3) 성서를 읽고 매일 매시간 묵상하는 습관을 기른다.

4) 매일 침묵기도를 한다.(적어도 5분, 센터링 침묵기도 혹은 예수기도)

5) 일주일에 하루는 금식한다.(자신의 상황과 건강 상태에 따라 오후 3시까지, 혹은 점심 이후 다음날 아침까지, 24시간 등 시간을 정한다. 또는 가장 좋아하는 음식만 절제하든지 절식할 수도 있다.)

6) 「영적 훈련과 성장」(리처드 포스터)을 매일 적당한 분량을 정해 읽는다.

7) 경건 일기를 쓰며 매일의 삶을 점검하고, 하나님께서 어떻게 내 삶에 오셔서 인도하고 말씀하셨는지를 경건 일기(위에 예시한 내용으로)에 기록한다. 또한 성령께서 원하시는 삶을 살기 위한 결단을 정리한다.(웨슬리의 "경건생활을 위한 자기 성찰" 참조, 적어도 15분 정도 필요함)

8) 하루에 한 가지, 자신의 이익과 관계되지 않은 일, 남을 위한 온전한 봉사를 계획하고 실천한다.(병자 방문, 소외된 사람과의 대화, 어려움 당하는 이들에게 전화하기, 교회 봉사, 친절한 태도와 언사, 미소 짓기, 동냥 구하는 이를 거절하지 않기, 감사편지 쓰기 등)

9) 기도 파트너와 서로를 위해 기도하고, 각자의 경험을 직접 만나거나 전화로 적어도 일주일에 한 번은 나눈다.

10) 일과 속에서 화살기도를 연습한다.

4. 묵상을 위한 말씀 : 마태복음 5:48; 고린도후서 7:1; 빌립보서 3:12; 데살로니가전서 5:16-23; 히브리서 6:1-2; 12:23; 요한일서 4:18; 시편 119; 시편 150

1) 묵상의 초점

기독자의 완전(Perfect, Holiness)은 잃어버린 그리스도의 형상, 하나님의 형상을 회복하고 하나님의 성품에 참여하는 것입니다. 완전한 성화란 정착된 상태가 아니라 부단한 과정입니다. 완전한 성결과 완전한 사랑을 이루는 것, 온전한 그리스도의 형상을 이루는 것입니다.

그리스도의 형상을 당신 몸에 이루기 위해 어떤 성화수련이 더 필요합니까? 주변에서 누가 가장 예수님을 닮았는지 생각해 보십시오. 어떤 면이 닮았습니까? 어떻게 그 사람이 그리스도를 닮게 되었습니까? 어떻게 하면 당신도 그와 같이 예수님을 닮을 수 있을까요?

웨슬리는 데살로니가전서 5:16-18이 완전 성화를 이룬 모습이라고 했습니다. 이 말씀을 함께 묵상합시다.

2) 함께 말씀을 묵상함 : 데살로니가전서 5:16-18(렉치오 디비나 말씀 묵상 방법)

• 1단계(렉치오 Lectio, 말씀을 읽는 단계) : 말씀 읽기

마음의 눈으로 성경 말씀을 천천히 읽으십시오. 처음에는 소리 내어 읽은 후 침묵으로 두세 번 읽으십시오. 이것은 마치 과일을 입에 넣는 것과 같습니다. 그리고 마음에 다가오는 말씀이나 구절에 집중하십시오.

• 2단계(메디타치오 Meditatio, 자신을 성찰하는 단계) : 말씀 묵상

당신에게 다가오는 말씀을 받아들이십시오. 그리고 그 말씀을 통해 하나님께서 무엇을 말씀하시는지 그 말씀을 씹고 되새김질해 보십시오. 깨달음이 있는지 1-2분 간 침묵으로 묵상하면서, 자신의 모습을 성찰해 보십시오. 이 단계는 과일을 이로 잘게 씹는 것과 비슷합니다.

- 3단계(오라치오 Oratio, 하나님께 응답하는 단계) : 마음의 기도
  그 말씀이 당신을 인도하고 당신을 위해 기도하도록 당신을 말씀에 맡겨 보십시오. 감사, 찬양, 고백, 간구의 기도를 하면서 말씀과 더불어 하나님께서 들려주시는 말씀을 듣기도 하는 단계입니다. 이 단계는 과일의 맛을 느끼면서 맛있게 삼키는 것과 비슷합니다.
- 4단계(컨템플라치오 Contemplatio, 하나님 안에서 쉬는 단계) : 관상기도
  이제는 침묵 가운데 그 말씀의 분위기 속에서 하나님의 현존을 느껴 보십시오. 그리고 말씀을 통해 은밀하게 들려오는 하나님의 음성을 마음의 귀로 들으십시오. 당신의 전 존재를 맡기고 그 말씀 안에서 편히 쉬십시오. 이 단계는 과일을 삼키고 난 후에 그 향을 음미하는 단계입니다.

3) 묵상 정리

기도 중의 느낌과 생각, 감정을 경건 일기에 써 보십시오. 어떤 이미지나 깊은 깨달음, 그 밖의 경험을 글로 적어 보기 바랍니다.

4) 그룹 나눔 : 말씀을 묵상하는 중에 있었던 경험과 깨달음을 함께 나누기 바랍니다.

5. '밴드 모임의 규칙과 지침'을 함께 읽음

웨슬리 시대에 하나님 뜻대로 살고자 노력했던 밴드의 정신을 다시 생각해 보며, 그 정신을 배우는 시간을 갖습니다. 밴드의 정신을 오늘날에 맞게 적용하는 지혜를 모읍니다.(부록 참조)

6. 개인 영성훈련에 대한 안내를 합니다.

7. 성만찬으로 집회를 마칩니다.

주제 : 하나님의 성품에 참여하는 은총

기독자의 완전(Perfect, Holiness)은 잃어버린 그리스도의 형상,
하나님의 형상을 회복하고 하나님의 성품에 참여하는 것입니다.
완전한 성화란 정착된 상태가 아니라 부단한 과정입니다.
완전한 성결과 완전한 사랑을 이루는 것,
온전한 그리스도의 형상을 이루는 것입니다.
웨슬리는 하나님의 온전하심같이 완전한 사랑을 실천하는 것과
몸과 혼과 영이 온전히 흠 없이 거룩하여지는 것을
기독자의 완전이라고 설교했습니다.

1. **찬양** : 찬양으로 하루를 시작하십시오. 찬송 속에서 우리를 계속 성화시키고
   성결케 하시는 완전의 은혜를 갈망하고 느껴 보기 바랍니다.

   추천하는 찬송 : 212장(너 성결키 위해), 507장(주님의 마음을 본받는 자),
   　　　　　　　 512장(내 주 되신 주를 참 사랑하고), 518장(신자 되기 원합니다)

2. **기도** : 웨슬리의 자기 성찰문과 기도문(아침기도와 저녁기도)을 읽는 것으로
   하루를 시작하고 마칩니다.

3. 묵상을 위한 말씀 : 마태복음 5:48; 고린도후서 7:1; 빌립보서 3:12; 데살로니가전서 5:16-23; 히브리서 6:1-2; 12:23; 요한일서 4:18; 시편 119; 시편 150

1) 묵상의 초점

주변에서 누가 가장 예수님을 닮았는지 생각해 보십시오. 어떤 면이 닮았습니까? 어떻게 그 사람이 그리스도를 닮게 되었습니까? 웨슬리는 데살로니가전서 5:16-18이 완전 성화를 이룬 모습이라고 했습니다. 성령의 열매를 묵상해 보십시오(갈 5:22-23). 어떤 열매가 당신에게 가장 도전이 됩니까?

2) 말씀 묵상 : 그 동안 배운 묵상 방법 중 자신에게 가장 편안한 방법이나 렉치오 디비나 방법으로 말씀을 묵상합니다. 렉치오 디비나는 라틴어로서 거룩한 독서라는 뜻이며, 기독교의 가장 오래되고 고전적인 말씀 묵상 방법입니다.

- 1단계(렉치오 Lectio, 말씀을 읽는 단계) : 말씀 읽기
  마음의 눈으로 성경 말씀을 천천히 읽으십시오. 처음에는 소리 내어 읽은 후 침묵으로 두세 번 읽으십시오. 이것은 마치 과일을 입에 넣는 것과 같습니다. 그리고 마음에 다가오는 말씀이나 구절에 집중하십시오.
- 2단계(메디타치오 Meditatio, 자신을 성찰하는 단계) : 말씀 묵상
  당신에게 다가오는 말씀을 받아들이십시오. 그리고 그 말씀을 통해 하나님께서 무엇을 말씀하시는지 그 말씀을 씹고 되새김질해 보십시오. 깨달음이 있는지 1-2분 간 침묵으로 묵상하면서, 자신의 모습을 성찰해 보십시오. 이 단계는 과일을 이로 잘게 씹는 것과 비슷합니다.
- 3단계(오라치오 Oratio, 하나님께 응답하는 단계) : 마음의 기도
  그 말씀이 당신을 인도하고 당신을 위해 기도하도록 당신을 말씀에 맡겨 보십시오. 감사, 찬양, 고백, 간구의 기도를 하면서 말씀과 더불어 하나님께서 들려주시는 말씀을 듣기도 하는 단계입니다. 이 단계는 과일

의 맛을 느끼면서 맛있게 삼키는 것과 비슷합니다.

- 4단계(컨템플라치오 Contemplatio, 하나님 안에서 쉬는 단계) : 관상기도
  이제는 침묵 가운데 그 말씀의 분위기 속에서 하나님의 현존을 느껴 보
  십시오. 그리고 말씀을 통해 은밀하게 들려오는 하나님의 음성을 마음
  의 귀로 들으십시오. 당신의 전 존재를 맡기고 그 말씀 안에서 편히 쉬십
  시오. 이 단계는 과일을 삼키고 난 후에 그 향을 음미하는 단계입니다.

3) 묵상 정리

기도 중의 느낌과 생각과 감정을 경건 일기에 써 보십시오. 어떤 이미지
나 깊은 깨달음, 그 외의 경험을 글로 적어 보기 바랍니다.

4. 매일 하는 개인 경건 연습 : 다음의 경건 연습을 철저히 지키기 위해 최선을
다합시다.

매일 하는 개인 영성수련을 위한 지침

1) 교회의 모든 집회와 예배에 참여한다.

2) 매일 자신과 가족을 위해 기도한다.(적어도 30분)

3) 성서를 읽고 매일 매시간 묵상하는 습관을 기른다.

4) 매일 침묵기도를 한다.(적어도 5분, 센터링 침묵기도 혹은 예수기도)

5) 일주일에 하루는 금식한다.(자신의 상황과 건강 상태에 따라 오후 3시까지, 혹은 점심 이후 다음날 아침까지, 24시간 등 시간을 정한다. 또는 가장 좋아하는 음식만 절제하든지 절식할 수도 있다.)

6) 『영적 훈련과 성장』(리처드 포스터)을 매일 적당한 분량을 정해 읽는다.

7) 경건 일기를 쓰며 매일의 삶을 점검하고, 하나님께서 어떻게 내 삶에 오셔서 인도하고 말씀하셨는지를 경건 일기(위에 예시한 내용으로)에 기록한다. 또한 성령께서 원하시는 삶을 살기 위한 결단을 정리한다.(웨슬리의 "경건생활을 위한 자기 성찰" 참조, 적어도 15분 정도 필요함)

8) 하루에 한 가지, 자신의 이익과 관계되지 않은 일, 남을 위한 온전한 봉사를 계획하고 실천한다.(병자 방문, 소외된 사람과의 대화, 어려움 당하는 이들에게 전화하기, 교회 봉사, 친절한 태도와 언사, 미소 짓기, 동냥 구하는 이를 거절하지 않기, 감사편지 쓰기 등)

9) 기도 파트너와 서로를 위해 기도하고, 각자의 경험을 직접 만나거나 전화로 적어도 일주일에 한 번은 나눈다.

10) 일과 속에서 화살기도를 연습한다.

일곱째 주 : **나눔과 정리 그리고 계획**

주제 : 나눔과 정리 그리고 계획

1. 찬양으로 모임을 시작합니다.

추천하는 찬송 : 507장(주님의 마음을 본받는 자), 508장(주와 같이 되기를)

2. 기도 : 침묵기도(센터링 침묵기도, 10분 정도)

3. 그룹 나눔

영성수련 전 과정(그룹 영성수련과 개인 영성수련)에 대한 경험을 나눕니다.

* 나눔을 위한 안내

1) 영성수련을 통하여 변화를 경험하였습니까? 어떤 변화를 체험하였습니까? 영성수련을 통하여 영적 성장에 어떤 변화들이 있었다고 느끼십니까?

2) 영성수련을 통하여 매일의 삶에 나타난 주된 변화는 무엇입니까?

3) 어떠한 영성수련이 가장 도움이 되었습니까?

4) 어떠한 영성수련이 가장 도움이 되지 않았습니까?

5) 영성수련을 하는 동안 가장 어려웠던 점은 무엇입니까? 그 어려움을 극복하기 위해 무엇을 해야 합니까?

6) 앞으로 개인적인 영성수련을 계속하기 위한 당신의 계획은 무엇입니까?

4. '밴드 모임의 규칙과 지침' 을 함께 읽음

웨슬리 시대에 하나님 뜻대로 살고자 노력했던 밴드의 정신을 다시 생각해 보며, 그 정신을 배우는 시간을 갖습니다. 밴드의 정신을 오늘날에 맞게 적용하는 지혜를 모읍니다.(부록 참조)

5. 성만찬으로 집회를 마칩니다.

제3부 _ 부록

Ⅰ. 밴드모임의 규칙과 지침

Ⅱ. 웨슬리의 경건생활을 위한 자기 성찰

Ⅲ. 웨슬리의 한 주일을 위한 기도문

I. 밴드 모임의 규칙과 지침

A 밴드 모임의 규칙(1738년 12월 25일 만듦)

■ 밴드 모임은 "죄를 서로 고하며 병 낫기를 위하여 서로 기도하라(약 5:16)"는 말씀에 근거하여 하나님의 명령에 복종하기 위해 만들었다. 이 목적을 위하여 다음과 같이 할 것을 결정했다:

1) 적어도 일주일에 한 번씩 모임을 갖는다.
2) 특별한 이유를 제외하고는 반드시 시간을 지킨다.
3) 시간이 되면 도착한 사람들끼리 찬양과 기도로 정시에 시작한다.
4) 지난 모임 이후 말과 생각과 행동으로 지은 잘못과 유혹이 있었는지 자유롭게 서로 나눈다.
5) 각자의 형편에 맞는 기도로 모임을 끝낸다.
6) 누가 먼저 자기 자신에 대해 말하기를 원하면 회원들의 동의를 얻어 할 것이며, 순서에 따라 진행한다.

■ 밴드 모임에 가입하기 위하여 다음과 같은 질문에 답했다:

1) 죄를 용서받았습니까?
2) 주 예수 그리스도로 말미암아 하나님으로 더불어 화평을 누리고 있습니까? (롬 5:1)
3) 성령이 친히 당신의 영으로 더불어 당신이 하나님의 자녀인 것을 증거하신 것을 경험했습니까? (롬 8:16)
4) 하나님의 사랑이 당신 마음에 부은 바 된 것을 경험하고 있습니까?(롬 5:5)

5) 내적 혹은 외적인 죄가 당신을 주관하지는 않습니까?(롬 6:14)

6) 잘못을 지적받기를 바랍니까?

7) 모든 잘못을 항상 지적받고 충고받기를 원합니까?

8) 이 모임의 회원 중 누구든지 당신에 대해 염려하는 것을 솔직하게 말해 주기를 원합니까?

9) 우리가 당신에 관하여 생각하고, 염려하는 것 등과 관련하여 무엇이든지 말해 주어도 괜찮다고 생각합니까? 잘 생각해 보십시오.

10) 마음 저 밑바닥까지 함께 내려가서 함께 성장하는 진실로 가까운 성도의 교제를 원합니까?

11) 항상 당신을 다른 사람에게 전적으로 열어 보이며, 예외나 거짓이나 숨김없이 정직하게 말하기를 원합니까?

■ 밴드 모임이 있을 때마다 서로 다음과 같은 질문을 했다.

서로의 죄를 고백

서로의 죄를 고백하라는 야고보서 5장 16절에 근거하여, 밴드에 가입한 사람은 모임이 있을 때마다 다음과 같은 다섯 가지 영적 질문에 따른 고백을 했다.

1) 지난 모임 이후 어떤 죄들을 범하였습니까?

2) 어떤 유혹을 받았습니까?

3) 어떻게 그 유혹에서 벗어났습니까?

4) 그것이 죄인지 아닌지 확실치 않은 어떤 생각과 말과 행동이 있었습니까?

5) 당신에게는 숨기기를 원하는 어떤 비밀도 없습니까?

Ⓑ 밴드 모임의 규칙(1744년 12월 25일 만듦)

■ 조심스럽게 악을 행하는 일을 피하라. 특히

1) 주일을 성수하고 거룩하게 지킬 것.

2) 의사의 처방이 아니면 음주하지 말 것이며, 술은 맛보지도 말 것.

3) 물건을 사고 팔 때에 여러 말을 하지 말 것.

4) 아무 것으로도 맹세하지 말 것, 그런 것들은 생명을 구할 수 없다.

5) 본인이 없는 자리에서 남의 결점에 대해 언급하지 말 것.

　그런 사람을 보면 즉시 중지하도록 권면할 것.

6) 옷차림에 지나친 신경을 쓰지 말고, 화려한 옷과 장신구를 피할 것.

7) 의사의 처방 없이는 마약이나 담배를 피우지 말 것.

8) 공공질서와 공중도덕을 최선을 다해 지킬 것.

■ 열심히 선한 일을 도모하라. 특히

1) 당신이 가진 소유로 자선을 베풀라.

　그리고 그 일에 최선을 다하라.

2) 당신 면전에서 죄를 짓는 사람은 누구든지 책망하라.

　그러나 사랑과 지혜와 온유로 하라.

3) 병든 자, 가난한 자, 나그네, 소외된 자, 고아, 과부, 장애인을 방문하고 돕는 일을 하라.

■ 끊임없이 하나님의 모든 계명을 지켜라. 특히

1) 매주 교회에 출석하고 성만찬에 참여하라. 모든 공적인 교회 모임에 참여하라.

2) 원거리, 사업, 질병의 이유가 아니라면 속회나 성경공부반에 매주 참여하라.

3) 매일 개인기도를 드리고 가족 기도회를 가져라.

4) 틈나는 대로 성경을 읽고 그 안에서 묵상하라.

5) 연중 매 금요일은 금식 또는 절제의 날로 지켜라.

II. 웨슬리의 경건생활을 위한 자기 성찰

■ 매일 아침 자신에게 하는 질문

  1) 나는 오늘 하나님을 최우선으로 생각하며 나의 삶의 주인으로 모시고 하루를 시작하고 있는가?

  2) 나는 어제 이후 하나님 앞에서 나의 행동을 살펴보고 반성하며 기도하는 시간을 가졌는가?

  3) 오늘 나는 하나님을 위하여 내가 할 수 있는 모든 선한 일을 하며, 나를 위한 하나님의 부르심에 최선을 다하고 충성할 것을 결심하며 하루를 시작하고 있는가?

■ 주일 저녁 개인 경건의 시간에, 우선 자신에게 다음과 같은 질문을 하고 반성한 후에 개인기도를 시작한다.

  1) 나는 아침에 드리는 개인기도, 함께 드리는 공동기도에 어느 정도의 진심과 열정으로 참여했는가?

  2) 나는 하나님의 영광을 생각지 않거나 하나님의 영광과는 관계없이 어떤 일을 하지는 않았는가?

  3) 나는 아침에 하려고 생각했던 덕목은 행했는가? 계획했던 일 중에 하지 않은 것은 없는가?

  4) 나는 오늘 하루 내가 할 수 있었던 선한 일에 최선을 다했는가?

  5) 나는 다른 이에게 봉사하고 사랑을 나누어 주는 일보다 나 자신을 더 사랑하지는 않았는가?

  6) 나는 내가 방문을 받고 다른 이를 방문하기 전에, 어떻게 하면 더욱 풍성한 사랑을 주고받을 수 있을지 생각해 보았는가?

7) 나는 상대방에게 꼭 도움이 될 때가 아님에도, 다른 사람의 실수에 대해 불필요한 지적을 하지는 않았는가?

8) 나는 불필요하게 다른 사람을 말로나 행동으로 슬프게 한 일은 없는가?

9) 나는 오늘 하루 행한 모든 행동으로 덕을 쌓고, 더욱 덕스러운 삶을 위하여 발전적인 삶을 살았는가?

■ '하나님 사랑'에 관한 질문 (주일 저녁)

1) 나는 오늘 하루 하나님의 온전하심과 자비를 묵상하고 생각할 경건한 시간을 가졌는가?

2) 나는 하나님의 사랑을 생각하며 하나님 나라의 쉼과 거룩함을 맛보는 하루가 되게 힘썼는가?

3) 나는 기도와 묵상, 말씀을 읽는 데 사용하지 않은 시간은 꼭 필요한 일과 남을 돕는 일에 사용했는가?

■ '이웃 사랑'에 관한 질문 (월요일 저녁)

1) 나는 이웃을 기쁘게 하고 그들을 위해 봉사하는 것보다 중요하다고 생각한 일들이 있었는지 양심적으로 자신에게 질문해 보자.

2) 나는 이웃과 함께 즐거워하고 그들과 함께 슬퍼하는 삶을 살고 있는가?

3) 나는 이웃의 부족함을 보고 분노하기보다는 안타깝게 여기는 마음으로 이를 받아들이는가?

4) 나는 좋은 대책 없는 반대, 혹은 상대방을 설득시킬 가능성도 없으면서 다른 사람의 의견에 반대를 위한 반대를 하지 않았는가?

5) 나는 내가 잘못 생각하고 있는 것에 대해 상대방에게 항상 최종적으로 말할 수 있는 기회를 주었는가?

■ '겸손'에 관한 질문 (화요일 저녁)

1) 나의 모든 생각과 말, 행동이 다음과 같은 기본적인 원칙을 따르도록 노력하고 있는가?("나는 아무것도 아니며, 나의 것은 아무것도 없다. 그리고 내 힘만으로는 아무것도 할 수 없는 존재다.")

2) 나는 오늘 하루, 나의 부족함과 어리석음, 나의 죄됨을 생각할 시간을 잠시라도 따로 가졌는가?

3) 나는 하나님이 나를 통하여 하신 일을 조금이라도 나의 공로로 돌린 적은 없는가?

4) 나는 사람들에게 받을 칭찬을 염두에 두고 어떤 말이나 일을 한 적은 없는가?

5) 나는 사람의 칭찬을 기대하고 갈망하지는 않는가?

6) 나는 사람들에게 받는 칭찬을 즐기지는 않았는가?

7) 나는 하나님의 영광이 아니라 나 자신의 영광을 위해 아무 거리낌 없이 사람들 앞에서 나를 칭찬하고, 상대방 면전에서 내 의를 드러내기 위해 어떤 사람을 칭찬하지는 않았는가?

8) 나는 나에게 해 준 다른 사람의 충고를 무시하지는 않았는가?

9) 나는 잘못했다는 생각이 들 때 "제가 잘못했습니다"라고 서슴없이 말했는가?

10) 나는 나의 책임과 의무를 행하면서 받게 된 다른 사람의 냉담과 조소를 온유와 겸손으로 받아들였는가?

11) 나는 하나님의 영광보다 나 자신의 의를 드러내며 살지는 않았는가?

12) 나는 다른 사람에게 비난을 받았을 때 첫째로, 나 자신이 실족하거나 용기를 잃지 않기를, 둘째로, 상대방을 원망하지 않기를, 셋째로, 이런 일을 통하여 나의 교만함이 치유되고 더욱 겸손해지기를 하나님께 간구했는가?

13) 나는 선한 의도 없이 화를 낸 적은 없는가?

■ '금욕'에 관한 질문 (수요일 저녁)

1) 나는 단순히 즐기려는 목적만으로 어떤 일을 하지는 않았는가?
2) 나는 감정이 나를 유혹할 때 감정에 치우쳐 생활하였는가, 아니면 감정을 극복하고 오히려 그 반대로 행동할 수 있었는가?
3) 나는 하나님께 더 가까이 다가가기 위해 제정된 은혜와 금욕의 수단들이 불편하더라도 그것을 피하지 않고 경건의 연습을 위하여 사용하였는가?
4) 나는 나 자신을 부정하는 경건의 연습을 피하기 위해 특별한 핑계를 만들어 내지는 않았는가?
5) 나는 나 자신이 너무 부족하여 하나님의 사랑을 받기에는 참으로 가치가 없는 존재라고 생각해 보았는가?
6) 나는 하나님의 영광을 가리는 것이 아니라면, 나의 의사를 반대하는 다른 사람의 생각을 따랐는가?
7) 나는 어떻게 하면 그리스도의 고난과 나의 죄를 보다 실감 있게 묵상하고 느끼며, 하나님의 심판을 경시하지 않으며, 나의 죄된 습관을 고칠 수 있는지 생각할 시간을 가졌는가?

■ '자기 부정과 온유함'에 관한 질문 (목요일 저녁)

1) 나는 하나님의 뜻만을 따라 살려고 노력했는가?
2) 나는 나에게 일어나는 모든 일을, 모든 지혜의 근본이신 선하신 하나님께서 나를 위해 섭리하신 뜻으로 받아들이고 감사했는가?
3) 나는 하나님이 나에게 지시하신 일들을 마친 후에, 미래에 관한 모든 일은 하나님의 인도하심에 완전히 맡겼는가? 하나님이 어떤 길로 인도하시든 온전히 하나님의 뜻을 따르기 위해 노력했는가?

4) 나는 나의 몸, 영혼, 친구, 명예, 재산을 이미 나의 것이 아닌 하나님의 것으로 드린 내가 다시 이 모든 것의 주인인 것처럼 생각하고 행동한 적은 없는가?

5) 나는 말과 행동이 언제나 남을 즐겁게 하고, 온유하며, 예의에서 벗어나지 않도록 노력하고 있는가?

6) 나는 화난 모습으로 친절하지 않은 말과 행동을 하지는 않는가? 특히 주의 일과 관련한 일을 하면서 그러지는 않았는가?

- **'금욕'에 관한 질문 (금요일 저녁)**

1) 나는 단순히 즐기려는 목적만으로 어떤 일을 하지는 않았는가?

2) 나는 감정이 나를 유혹할 때 감정에 치우쳐 생활하였는가, 아니면 감정을 극복하고 오히려 그 반대로 행동할 수 있었는가?

3) 나는 하나님께 더 가까이 다가가기 위해 제정된 은혜와 금욕의 수단들이 불편하더라도 그것을 피하지 않고 경건의 연습을 위하여 사용하였는가?

4) 나는 나 자신을 부정하는 경건의 연습을 피하기 위해 특별한 핑계를 만들어 내지는 않았는가?

5) 나는 나 자신이 너무 부족하여 하나님의 사랑을 받기에는 참으로 가치가 없는 존재라고 생각해 보았는가?

6) 나는 하나님의 영광을 가리는 것이 아니라면, 나의 의사를 반대하는 다른 사람의 생각을 따랐는가?

7) 나는 어떻게 하면 그리스도의 고난과 나의 죄를 보다 실감 있게 묵상하고 느끼며, 하나님의 심판을 경시하지 않으며, 나의 죄된 습관을 고칠 수 있는지 생각할 시간을 가졌는가?

■ '감사'에 관한 질문 (토요일 저녁)
  1) 나는 지난 한 주간 하나님께서 베풀어 주신 은혜에 감사할 시간을 가졌
     는가?
  2) 나는 하나님의 은혜를 보다 민감하게 느끼며 감사하기 위해 그 은혜를 신
     중하게, 그리고 의도적으로 생각하고 감사하는 시간을 가졌는가?
  3) 나는 하나님의 은혜를 받을 때, 하나님의 크신 사랑에 빚진 자로서 더 큰
     의무가 있음을 깨닫고, 좀더 거룩한 삶으로 부르시는 하나님의 부르심으
     로 그것을 받아들이는가?

■ 모든 행동을 위한 일반적인 규칙
  어떤 행동을 하기 전에는 언제나 주님이 그런 경우에 어떻게 하셨는지를 생각
  하거나 어떻게 하기를 원하시는지 고려해 보고 그 다음에 그의 본을 따르라.

■ 시간을 관리하는 일반적인 규칙
  1) 하루의 생활을 하나님과 함께 시작하고 끝내라.
  2) 맡은 일에 부지런해라.
  3) 할 수만 있으면 모든 여가시간을 신앙생활에 써라.
  4) 모든 성일을 거룩하게 지켜라.
  5) 술을 좋아하는 사람과 남의 일에 참견을 잘하는 사람을 피하라.
  6) 호기심과 모든 쓸데없는 일과 지식을 피하라.
  7) 매일 저녁, 자신을 성찰하고 점검하는 시간을 가져라.
  8) 하루에 적어도 한 시간은 경건의 시간을 가져라.
  9) 모든 종류의 정욕을 피하라.
  10) 지나치게 많이 자지 마라.

■ 계획을 세울 때의 일반적인 규칙
  1) 행동을 취할 때마다 목적에 비추어 보아라.
  2) 모든 행동은 하나님 아버지와 아들과 성령의 이름으로 하라.
  3) 모든 중요한 일은 기도로 시작하라.
  4) 그만두고 싶은 유혹을 받아도 의무를 중단하지 마라.

■ 웨슬리는 경건의 일기를 쓰면서 끊임없이 자신의 모습을 돌아보고 잘못된 점들을 고치기 위해 부단한 노력을 하였다. 그러한 웨슬리의 모습을 3월 26일 금요일 일기에서 엿볼 수 있다.

  "나는 기도할 때에 부정한 생각이 수없이 일어나는 것과 더불어 다음과 같은 유혹과 결단을 기록했다.
  1) 항상 경솔한 행동을 하는 것.
  2) 무익한 이야기에 귀를 기울이거나 하찮은 연극 대본이나 서적을 읽는 것.
  3) 하나님의 임재에 대해 경외하는 마음을 가질 것.
  4) 나태함, 여성과의 자유분방한 교제, 자극성이 강한 음식을 피할 것.
  5) 정욕이 일어나려고 할 때 그것과 싸움으로써가 아니라 더 이상 그것을 생각하지 않음으로써 저항하고, 곧 하나님과의 교제로 돌아갈 것.
  6) 끝으로 기도를 자주 열심히 드릴 것."

  이처럼 웨슬리는 규칙적인 방법을 통해 자신의 영혼과 감정의 분출, 정욕을 다스리는 문제를 처리하였고, 기도를 통해 하나님과 영적으로 교제하였다.

■ 웨슬리의 경건생활 패턴 (Steven, H., 162)
  1) 항상 정해진 시간에 취침하고 기상하십시오.
  2) 잠에서 깨어나면 우선 하나님께 무릎을 꿇고 기도하십시오. 당신의 첫 생각

을 하나님께 바치십시오. 그리고 하루의 첫 열매를 주님에게 드리십시오.

3) 세면하고 옷을 입은 후에 30분 정도 아침 기도를 하십시오. 이것은 주님의 뜻에 전적으로 복종하기 위한 것입니다.

4) 옷을 입는 데 많은 시간을 투자하지 마십시오. 옷은 깨끗하고 단정하게 입으면 됩니다.

5) 아침에는 영적 생활에 도움이 되는 책을 읽으십시오. 천천히 정독하고, 읽은 것을 하루 종일 묵상하십시오.

6) 성경 읽기를 다른 무엇보다 중요한 것으로 실행하십시오. 성경을 읽을 때는 순서를 따라 겸손한 마음으로 하십시오.

7) 오후에는 일을 하거나 심방을 하십시오. 그리고 잠시라도 기도할 시간을 만드십시오.

8) 밤에는 자기 성찰의 시간과 회개하는 시간을 가지십시오.

Ⅲ. 웨슬리의 한 주일을 위한 기도문(1733년 첫 출판)

From Wesley's Works Vol. XI (1986, Thomas Jackson(ed.),
pp. 203-259, Hendrixkson Publishers, INC, Peabody, MA)

하나님의 영광을 위하여

전능하고 자비로우신 하나님 아버지,

늘 당신 뜻에 합당하지 못한 부족한 종이지만, 오늘 아침 당신 앞에 겸허한 심령으로 사랑과 감사의 제사를 드리기를 원합니다. 오! 가장 존귀하신 아버지, 당신께 영광을 돌립니다. 당신은 창조의 사역을 마치신 후 안식하셨습니다.

오! 거룩하신 예수님, 당신께 영광을 돌립니다.

당신은 성령으로 잉태되셔서 온 세상 죄를 대속하기 위하여 자신을 완전하고 충만한 희생물로 바치셨고, 죽은 자 가운데서 삼 일 만에 부활하시고, 하늘과 땅의 모든 권세를 가지셨습니다.

오! 성부와 성자로부터 나신 은혜로우신 성령님, 당신께 영광을 돌립니다.

당신은 오순절 첫날 사도들에게 불의 혀같이 내려오셔서, 그들이 죄로 물든 세계에 구원의 기쁜 소식을 선포하게 역사하셨으며, 창조 전 심연 깊은 수면 위를 운행하신 것처럼 그 이후 계속해서 인간의 영혼을 깊고 어두운 심연에서 구원하기 위해 인간 영혼의 수면 위를 운행하십니다.

오! 거룩하고 하나이신 성 삼위일체께 영광을 돌립니다.

당신은 우리를 위한 위대한 구원 사역에 동참하시며, 하나님의 자녀로서의 영화로운 자유를 다시 회복시키십니다.

　우리의 연약함을 불쌍히 여기시고, 당신의 측량할 수 없는 은혜를 기억할 수 있게 거룩한 날을 허락하신 당신께 영광을 돌립니다. 내 영혼의 근심에서, 세상의 산란함과 복잡함에서 자유할 수 있는 주님의 날을 허락하심을 나의 특권과 행복으로 여기게 하옵소서. 그러므로 오늘 저는 당신을 찬양하고 사랑할 수밖에 없습니다. 오 주님, 저에게 이 주님의 날이 하나님의 사랑에까지 닿을 수 있고, 하늘나라의 안식과 평안을 맛볼 수 있는 복된 날이 되게 하옵소서.

　오순절 첫날 제자들에게 놀라운 은사들을 내려 주셨던 성령님이시여, 부족한 종인 저에게도 오셔서 오늘 주님의 날, 성령 안에 늘 거할 수 있게 도와주시옵소서. 복된 성령이시여, 이 거룩한 날 당신이 명하신 의무들을 행할 때, 나를 자제시키고 도우셔서 나의 방황하는 생각들을 당신께로 모으게 하시며, 파도처럼 일렁이는 나의 감정들을 고요하게 하시고, 당신을 향한 나의 무관심과 냉담함이 간절함과 갈급함으로 변화되게 하옵소서. 오늘 예배의 기도와 찬양에 열심과 하나님의 사랑으로 동참하게 하시고, 확고한 결단이 있게 하시며, 그 결단에 순종하게 하소서. 오 주님! 오늘 당신의 제단에 나아갈 때에, 나의 심령에 겸손과 믿음, 소망과 사랑, 십자가에 달리신 구세주를 경건하게 기억할 수 있는 성품을 부어 주시옵소서. 오늘 이 주일이 온전한 사랑의 수고와 기도와 찬양과 묵상 속에서 성령으로 기름 부은 바 되는 한 날이 되게 하소서. 주여! "나의 입술의 모든 말과 나의 마음의 묵상이 주께 열납되기를 간구합니다."

　오! 주님, 당신은 나에게 온 맘과 힘을 다해 당신을 사랑하라고 명하셨으므로, 이것이 나의 의무임을 압니다. 나는 당신이 거룩하고 거룩하시며, 완전하고 완전하심을 압니다. 그러므로 당신을 사랑하는 것이 나의 의무임을 압니다.

또한 당신께서 나를 창조하셨으므로, 당신의 능력과 선하심 없이는 나는 존재할 수도 복될 수도 없음을 압니다.

죄 중에서 헤맬 때 당신은 나를 사랑하셔서 당신의 외아들을 보내 주셨으며, 영광의 주님은 십자가에 죽기까지 자신을 낮추심으로 나를 영광의 자리에까지 높여 주셨습니다.

당신은 당신의 생명으로 나를 영원한 영광의 자리에까지 옮기시기 위해 모든 필요를 채워 주셨습니다. 진실로 무가치한 종인 나를 향하신 주님의 사랑은 너무도 커서 감당할 수가 없습니다.

당신은 나의 넘치는 기쁨이 되어 주시겠다고 약속해 주셨습니다. 당신은 나에게 당신의 선한 기쁨을 원하게도 하시고, 행하게도 하시는 유일한 분입니다.

뿐만 아니라 나의 하나님, 당신을 온 맘을 다해 사랑하는 것이 나의 마땅한 의무임을 고백합니다. 당신의 종에게 당신의 힘을 부어 주시고, 당신의 사랑으로 나의 심장을 가득 채우시며, 나의 통찰력과 감정, 나의 감각과 건강, 나의 시간, 그리고 당신에게서 받은 나의 모든 재능을 당신의 영광을 위해 사용하게 하소서. 오! 하나님, 또한 내 안에 좌정하시어 나의 마음에서 대적자를 다스려 주옵소서; 나의 생각들, 나의 입술의 말들, 세속에 속한 속성들을 버리게 하시며, 오직 "온 맘과 뜻과 정성과 힘을 다하여" 당신을 사랑하라는 당신의 명령을 성실히 행하게 하시옵소서.

오! 가장 선하신 주여! 당신이 지난 날 베풀어 주신 사랑을 기억하며, 나의 여생 동안 이제까지 당신을 사랑했던 것보다 더욱 신실하게 사랑하는 삶을 살게 하시옵소서. 내가 이 땅에 거하는 동안 주님의 높은 명령을 행하게 하시옵소서. 나를 어떤 유혹에도 빠지지 않게 하옵소서; 인간의 말이나 한숨, 눈물을 신뢰하지 않게 하시며, 당신이 명령하신 대로 당신을 사랑하게 하옵소서. 온 맘을 다해 당신을 사랑함을 마음으로 느끼고, 머리로 깨닫게 하시옵소서.

오! 사랑의 하나님, 비록 당신이 나를 부인한다 할지라도 나는 당신의 이 사랑을 부인하지 않게 하옵소서. "세상과 세상 것들을 사랑하는" 우상으로부터 나를 구원하여 주옵소서. 피조물을 사랑하지 않게 하시며, 사랑할진대 당신을 위하여, 당신의 사랑 안에서 이것들을 사랑하게 하옵소서. 내 마음의 중심에 좌정하시어, 하늘에서 명령하시는 것처럼 나의 마음 중심에서 나에게 명령하시옵소서. 당신에 의해 창조되었으니 당신의 명령을 따라 살게 하옵소서; 당신을 위해 창조되었으니 당신의 영광을 위해 살게 하옵소서; 당신이 구원하셨으니 저는 당신의 것입니다; 나의 영이 당신만을 바라보게 하옵소서.

오늘 주일에 당신의 거룩한 교회가 드리는 기도와 예배가 당신께 열납되게 하옵소서. "당신의 사도들을 의로움으로 입히시며, 예배에 합당하게 준비하지 못한 당신의 모든 백성을 용서하소서." 또한 당신의 믿음과 사랑을 성실히 전하고 선포하는 모든 이들에게 복을 내려 주소서. *(   ) "하나님을 알지 못하는 이들에게도 당신의 백성이 되는 복을 주시옵소서." 해 뜨는 곳으로부터 해 지는 곳에 이르기까지, 당신의 이름이 온 천지에 영화롭게 하옵소서. 이 나라 백성인 우리와 특별히 당신이 교회와 나라를 위해 세우신 지도자들이 거룩하게 당신을 섬기며, "지식을 넘어서는 그리스도의 사랑"을 알게 하옵소서. 우리로 경건의 연습을 부지런히 계속하게 하시며, 우리에게서 게으름을 제거하셔서 믿음이 성장하지 못하여 당신을 실망시키지 않게 하옵소서. 당신의 종들을 훈련시키는 신학대학들에게 복을 주셔서 참 진리와 건전한 학문을 발전시킬 수 있게 하옵소서. 오! 주님, 나의 아버지와 어머니, 형제자매들, 나의 친구들과 *(   ), 원수들, 고통 중에 있는 모든 자에게까지 주님의 사랑을 나타내 주시기를 기도합니다. 주님, 당신의 손길로 그들을 어루만지시고, 성령께서 항상 동행하시어 그들이 당신의 뜻에 온전히 복종하며, 그들의 모든 생각과 말과 행동으로 당신께 영광을 돌리게 하소서. 그들이 주님 안에서 이미 죽은 이들과 함께, 영원히 복되신 한 분이신 하나님, 성부와 성령과 함께 다스리고 생활하시는 우리 주님 예수 그리스도를 통하여, 당신 나라의 영광 안에서 당신을 영원히 기뻐하게 하옵소서. 아멘.

  *(   )에 기도하기를 원하는 사람의 이름을 넣어 기도하십시오.

하나님만 사랑하게 하옵소서

오! 나의 하나님, 나의 주님이시여, 나는 당신의 손에 있습니다. 내가 당신의 손 안에 존재함으로써 모든 것 위에 뛰어난 기쁨을 향유하게 하옵소서. 당신 보시기에 좋은 대로 제게 행하시옵소서; 오직 온 맘과 뜻과 정성과 힘을 다하여 당신만을 사랑하게 하옵소서.

나를 당신의 교회 안에서 경건한 부모님들 사이에서 태어나게 하신 당신을 높이 찬양합니다; 나를 당신의 세례로 정결케 하시고, 당신의 진리와 거룩함의 교리로 가르쳐 주심을 감사드립니다; 나를 당신의 예비하신 은총으로 지탱시켜 주시고, 당신의 복된 성령으로 인도하시며, 나의 기독교인 형제자매들과 더불어, 대예배 중에 당신을 섬기게 하심을 감사드립니다. 나의 영혼을 당신의 몸과 피로 먹이셔서 사랑의 결단과 힘과 위로를 공급받게 하심을 감사드립니다. 오늘 당신께서 당신의 거룩한 성찬에 초청하셨던 모든 이들에게 은총을 내려 주시옵소서. 모든 유혹에서 이겨낼 수 있게 우리의 심령을 강건케 하시며, 당신의 사랑 안에서 "유혹을 물리치는 뛰어난 정복자"가 되게 하옵소서.

오! 나의 하나님, 나의 아버지시여, 나를 격정적인 성품에서 구원하소서: 당신을 알고 사랑하는 일이 얼마나 힘든 일인지를 압니다. 나의 격렬한 성품들이 나타나지 않게 하시며, 온유한 성품을 소유하게 하옵소서. 오! 하나님, 나는 이

격렬한 성품들을 죽음보다 더 두려워하기를 원합니다. 내가 이 잔인한 성품의 종이 되지 않게 하시며, 나의 심령을 당신께서 다스려 주소서. 당신의 종이 되며 당신을 온 맘으로 사랑하게 하옵소서.

오! 하나님, 나를 세상으로 향한 열심에서 구원하시어 당신이 필요로 하는 사역에 사용하소서. 세상을 향한 나의 열심은 당신의 사역에 대한 나의 생각들을 흩어 놓으며, 내 우편에 계시는 당신과 늘 함께 있고자 하는 나의 간절한 소망을 깨뜨려 버립니다. 나는 나의 마음이 좁다는 사실을 압니다. 그래서 세상 것들에 대한 열심이 마음에 가득 차 있으면 하늘의 것들이 들어갈 공간이 없음을 압니다. 빈 마음으로 나의 모든 일을 행하게 가르쳐 주시어 이 모든 일 속에서 당신을 바라보게 하시며, 당신 또한 이 모든 일 속에서 나를 바라보시며, 나의 심령을 감찰하시기를 간구합니다; 또한 당신을 사랑하기 위해 필요한 영혼의 자유를 잃어버리지 않게 하소서.

오! 하나님, 더러운 생각, 모든 냉담함과 낙망에서 나를 구원하소서. 이런 것들은 당신에 대한 나의 사랑을 소멸시킵니다. 당신의 자비로 이런 것들을 심령에서 제거하여 주시고, 당신을 향한 기쁨과 생기 왕성하고 활기찬 열정의 영을 나에게 부어 주소서.
그리하여 내가 전심으로 당신께서 명령하신 바를 행하고, 당신이 나에게 부여하신 고난을 감사함으로 받아들이며, 모든 일에서 당신의 거룩한 사랑에 순종하는 열정을 허락하소서.

오! 하나님, 피조물을 우상화하는 맹목적인 사랑에서 나를 구원하소서. 당신은 많은 것들을 당신을 사랑하기 위해 선용하게 하셨지만, 우리는 그것들 자체만을 사랑함으로써 당신에 대한 사랑을 잃어버리게 됩니다. 나를 이 눈먼 사랑에서 건져 주시기를 간구합니다. 나의 모든 열정을 지켜 주셔서 이들에 대한 나의 사랑이 당신에 대한 사랑 안에서 세워질 수 있게 도와주소서. 당신은 나에게 당신을 전심으로 사랑하도록 요청하십니다. 나를 붙들어 주시고, 나의 안전한 요새가 되어 주시기를 당신께 간구하오니, 당신을 향한 사랑 외에는 나의 마음을 어떤 것에도 열지 않게 하소서.

오! 나의 하나님, 나를 자기 사랑의 우상에서 구원하소서. 오! 하나님, (나에게 이것을 깨닫게 하신 당신의 무한한 사랑에 감사를 드립니다.) 자기 사랑이 모든 악의 뿌리임을 압니다. 당신은 나를 내 뜻대로가 아니라 당신 뜻대로 살게 만드셨습니다. 악마의 타락은 당신의 뜻에 대적하는 의지를 가진 것을 의미합니다. 오, 주님, 이 모든 우상의 위험을 물리칠 수 있는 도움이 되어 주셔서, 나로 이 모든 궤계를 분별하여 대적하게 하옵소서. 나 자신을 부인할 때, 나를 강건케 하겠다고 약속하신 주님, 나는 당신의 명령에 순종하겠습니다. 다른 피조물을 사랑하는 것과 마찬가지로 나 자신을 사랑하는 일도 당신 안에서, 당신의 영광을 위해 하겠습니다. 오! 당신의 전능하신 팔로 나를 붙드시며, 강건케 하시고, 인쳐 주옵소서. 당신은 나의 모든 사랑의 주춧돌이며 기둥이십니다.

당신을 향한 이 사랑 때문에, 나의 영혼은 변화무쌍한 본성으로부터 안정되어 평안할 수 있습니다. 이 사랑 때문에 모든 세상 것에 무관심할 수 있으며, 오직 당신 보시기에 좋은 것만을 원할 수 있습니다. 이 거룩한 사랑의 불꽃이 내 마음을 따뜻하게 하여, 온 힘을 다하여 당신을 섬길 수 있게 하옵소서. 나의 마음에서 모든 이기적인 욕망을 제거하시며, 모든 일에서 나 자신이 아니라 당신만을 바라보게 하소서.

오! 나의 하나님, 당신의 영화로우신 이름이 당신께서 창조하신 모든 피조물에게 영광 받으시고, 사랑 받으소서. 당신의 무한한 선하심과 위대하심을 모든 천사들과 인간들이 찬양케 하시옵소서. 당신의 교회와 하나님의 사랑을 배우는 신학교들을 모든 어둠의 권세에서 보호하소서. 당신의 이름으로 부르신 모든 이들이 당신의 선하심을 조금이라도 느낄 수 있게 도우소서. 그들이 당신이 얼마나 은혜로우신 분인지를 보고, 느끼게 하시며, 그 결과 그들의 욕망이 얼마나 무가치한 것인지를 깨닫게 하소서. 그들의 열정이 항상 당신을 향하게 하시고, 거룩한 천사들이 하늘에서 당신께 바치는 것같이, 온전하고 기쁨이 넘치며 늘 한결같이 열정 있는 사랑과 찬양과 순종을 드리게 하소서.

당신의 은혜의 성령을 죄악으로 가득한 이 나라에도 부어 주셔서, 우리가 당신의 거룩한 백성이 되게 하소서. 우리를 다스리는 통치자들과 국회의원들과 재벌 경제인들의 마음을 움직이셔서 이 선한 사업을 위한 당신의 선한 도구가 되게 하여 주옵소서. 대학들과 이 나라 백성에게 은혜를 베풀어 주옵소서. 고통 중에 있는 자들을 위로하소서. 믿음의 시련을 인내하며, 소망과 사랑 중에 온전하게 하소서 (   ).

나의 아버지와 어머니, 형제자매들, 나의 친구들과 친척들, 이 모든 가족들, 또한 스스로 기도하지 않는 모든 이들에게도 복을 주소서. 이들은 나의 선한 사업에 실질적인 도움으로, 충고로, 모범으로, 글로 힘이 되어 주셨던 분들입니다.

나의 적대자들을 향한 마음을 변화시키셔서, 예수님 때문에 당신이 나를 용서하셨듯이 나도 그들을 용서할 수 있는 은총을 허락하소서.

오! 이스라엘의 목자이신 당신이여, 이 밤에도 나를 열납하셔서 당신의 보호 아래 앉히소서. 나의 보잘것없는 섬김을 받아 주시며, 이러한 부족한 섬김과,

거룩한 의무를 행하면서 지은 죄를 용서하소서. 죄와 고통과 죽음을 정복하고, 당신이 선택한 자들을 모두 구원시킨 후 당신의 나라를 속히 임하게 하는 것이 당신의 선한 기쁨이 되게 하소서. 그리하여 당신의 구원을 기다리는 우리 모두가 한 분이신 하나님, 성부, 성자, 성령께 세세 무궁토록 영원한 사랑과 찬양을 드리게 하옵소서. 아멘.

나의 사랑을 제한하지 않게 하소서

오, 모든 좋은 은사들의 수여자이신 하나님 아버지, 당신의 무가치한 종인 제가 저에게 베풀어 주신 당신의 모든 관대함으로 인하여 당신의 이름을 온전히 찬양하기를 원합니다.

영광의 소망으로, 은총의 수단으로, 우리 죄를 위하여 죽으신 당신의 독생성자를 주신 사랑을 송축합니다. 당신의 자유로운 손길로 모든 현세적 은혜를 부어 주신 사랑을 찬양합니다; 당신의 죄 많은 종에게 건강과 힘, 음식과 의복, 그 밖의 모든 생필품을 공급해 주시는 당신의 사랑을 송축합니다. 당신의 은총을 거부했던 나를 당신은 여전히 인내하며 참아 주셨으며, 오늘밤에도 나를 보호하시고, 나의 회개를 완전케 하고 새롭게 하도록 또 다른 날을 허락하셨습니다. 좋으신 주님, 나의 이전의 죄를 용서하시며, 날마다 믿음과 사랑과 순종 안에서 나의 영혼을 더욱 신실하게 성장시킬 수 있게 도우소서. 당신이 오늘 불러 주시는 어디에서든 늘 나의 마음에 임재하셔서, 당신의 사랑으로 나의 영혼을 채우시며 다스려 주소서. 이 세상 어디를 가든지 나의 마음을 세상에 두지 않게 하시고, 오직 흩어지지 않는 온전한 단 한 가지 목적으로 "나를 향한 하늘나라의 상급"만을 바라보게 하소서. 내가 이 한 가지 일만을 하게 하소서. 모든 일을 행할 때, 이 한 목적만을 향하여 나아가게 하소서. 또한 그 때마다 조심하게 하셔서, 나의 영혼이 당신을 사랑하는 사람들을 위해 예비하신 순전한 복을 받기에 합당하게 하소서.

선하시며 항상 선한 일을 행하시는 당신은 모든 이들에게 당신의 인자와 당신을 영원히 알고 사랑할 수 있는 당신의 형상을 베풀어 주십니다. 오! 주님, 당신이 사랑하시는 모든 이들에게 나의 사랑을 제한하지 않게 하소서. 당신의 종들과 자녀들에게 마땅히 있어야 할 아름다운 사랑으로 나의 모든 이웃을 대하게 하옵소서. 당신은 당신에 대한 나의 사랑의 표징을 요구하셨습니다. 감사하지 못하는 유혹에 빠지지 않게 하옵소서. 생명보다 더한 당신의 사랑을 속이지 않게 하소서. 내가 찾아가서 구체적으로 섬길 수 없는 모든 나의 형제자매들을 기도로 돕게 하소서. 이웃에게 행복을 가져다줄 수 있는 모든 일을 담당할 수 있는 열심을 나에게 허락하소서. 궁핍한 자들을 돕고, 억눌린 자들을 보호하며, 무지한 자들을 가르치고, 방황하는 자들에게 확신을 주며, 선한 자들을 권고하고, 악한 이들을 꾸짖게 하소서. 이웃의 실패를 나의 실패처럼 생각하고, 사랑이 요구할 경우를 제외하고는 누설하지 않게 하시며, 온유함과 긍휼함으로 행케 하소서. 오! 은혜의 구세주여, 나를 향한 당신의 사랑은 당신을 향한 나의 사랑의 거울이 됩니다. 당신은 나를 구원하시기 위해 가장 귀한 것을 하찮은 것인 양 버리셨습니다. 오! 나의 구세주이신 주님, 나도 동료 기독교인들의 영원한 행복을 위해 가장 귀한 것을 쉽게 버릴 수 있게 하옵소서. 그들은 모두 당신 몸의 지체들입니다. 그러므로 나는 그들을 사랑할 것입니다. 당신은 형언할 수 없는 대가를 치르고 그들을 구원하셨습니다. 성령의 도우심으로 나는 그들을 파멸에서 구원하기 위해 노력할 것입니다. 그리하여 거룩한 복음의 광채를 더하며, 내 힘껏 선을 행함으로써 마침내 당신의 영원한 사랑의 감마로움에 빠져서, 죽으시고 영원히 왕좌에 앉아 계신 어린 양을 영원히 찬양하게 하소서.

나는 겸손히 당신의 사랑이 모든 이들에게 전파되기를 간구합니다, 그리고 그들이 당신의 신실한 종들이 되기를 기도합니다. 모든 기독교인이, 특별히 이 죄로 물든 나라들이 거룩한 종교에 따라 살게 하소서. 좋으신 주님, 우리를 위해 간구하소서. 우리가 파멸하지 않고 새롭게 거듭남으로써 영광을 받으소서. "당신이 우리를 변화시키시면 우리는 변화될 것입니다." 당신의 백성에게 은총을 내려 주소서. 우리가 성내지 않게 은총을 내려 주시며, 징벌을 당하지 않게 도우소서. 우리 교회를 분파와 이교와 신성모독과 국가에서 보호하시며, 모든 배교와 음모에서 방어하소서. 모든 감독과 목회자와 복음 전도자들에게 사도적 은총과 모범적인 삶과 건전한 교리를 부어 주소서. 총회에 위로부터 오는 지혜를 주시며, 모든 위원에게 신실함과 열심을 내려 주소서. 대학들에게는 성실함을, 타종교인들과 백성 위에는 경건과 평안과 충성의 마음을 허락하소서.

나의 부모님, 형제자매들, 나의 친구들과 친척들, 모든 이들의 영혼과 육체를 보존하소서 (   ). 나의 적대자들을 용서하시고, 당신이 정한 때에 그들의 마음에 나를 향한 친절한 애정이 싹트게 하소서. 마음과 육체가 고통스러운 이들, 물질 때문에 어려움이 있는 이들에게 자비를 베푸소서; 그들이 고통 중에도 인내하며, 그들의 모든 고통에서 행복한 결실을 얻게 하소서. 우리가 당신에 대한 믿음과 경외심으로 이미 죽은 이들과 더불어, 한 분이신 하나님, 성부와 성령과 함께 영원히 생활하고 다스리시는 성자 예수 그리스도를 통하여 기쁨의 부활에 참여하게 하소서. 아멘.

평화와 화해의 사람 되게 하소서

가장 위대하고 영화로우신 주 하나님, 당신의 신성한 위엄 앞에 깊은 참회의 마음으로 무릎 꿇기를 원합니다. 눈물과 부끄러움으로 당신의 가장 엄한 벌을 받기에 합당한 나의 수천 가지의 죄를 고백하기를 원합니다. "아버지여, 저는 하늘에 대하여 범죄하였으며, 당신의 아들이라 불릴 만한 자격이 없는 자입니다." 오! 예수 그리스도의 은총으로 나를 받아 주소서. 나의 불완전한 회개를 받으시며, 당신의 성령을 나의 심령에 보내 주셔서 내가 다시 당신의 자녀가 되고, 당신을 아버지라 부르며, 당신의 자녀가 누리는 복을 누리게 하소서.

당신이 이미 나에게 베풀어 주신 모든 은혜 - 이 생에서의 좋은 것들, 영원한 행복에 대한 소망 - 에 감사를 드립니다. 특별히 나를 오늘까지 보존하여 주신 당신께 겸허한 마음으로 감사를 드립니다. 만일 내가 죄에서 해방되었다면, 그것은 전적으로 당신의 무한하신 은총 때문입니다. 만일 내가 눈앞에 닥쳐온 어떤 위험을 피했다면, 그것은 나를 인도하신 당신의 손길 때문이었습니다. 당신의 거룩한 이름을 송축하나이다. 당신의 모든 은총이 내게 임하게 하셔서, 매일의 헌신 속에서 더욱 성실하며, 당신께 영광 돌리게 하소서.

오! 나의 하나님, 나의 영혼을 당신에 대한 전적인 사랑으로 채우시며, 당신만을 위해 당신의 사랑에 사로잡혀 사랑하게 하소서. 나에게 당신의 지식을 날마다 배우는 은총을 허락하시서, 당신을 알아 갈수록 더욱 당신을 사랑하게 하소서. 내 안에 당신의 모든 명령을 열심히 순종할 수 있는 영과, 당신의 모든 채찍을 기쁨으로 인내할 수 있는 영, 당신의 모든 행사에 감사할 수 있는 영을 창조하소서. 또한 당신을 경외하게 하소서. 의롭고, 경건하며, 엄숙한 경우, 혹은 당신을 경외하는 경우가 아니라면 당신의 이름을 일컫지 말게 하소서. 내 마음의 생각, 내 입술의 모든 말들, 내 손의 모든 행사를 통해, 평생 당신만을 영화롭게 하는 한 가지 일만을 하게 하소서. 나를 불러 주신 당신을 기쁘게 할 수만 있다면, 죽음도 불사하고 당신의 진리를 선포하게 하소서. 모든 사람과의 교제 속에서도 당신을 영화롭게 하고 사랑하게 하소서.

내게로 향하는 당신의 친절하고 끝없이 인내하는 사랑처럼, 이웃을 향한 나의 사랑도 끝없이 인내하고 친절을 베푸는 사랑이 되게 하소서. 그들을 위해 기도하며, 그들의 건강과 안전, 평안과 행복을 향상시키기 위한 열심을 갖게 하소서. 나의 사랑을 필요로 하는 모든 이들을 위로하며 평안케 할 수 있게 하옵소서. 나를 평화와 화해의 사람이 되게 하소서. 쉽게 용서하며, 악을 선으로 갚게 하소서. 나를 당신 자신처럼 만드셔서 진실로 친절하고, 자비로우며, 선하고, 온순하며, 온유하고, 오래 참는 자가 되게 하소서. 영혼을 사랑하는 주님이시여! 내 안에 영혼들의 생명, 영원한 생명을 구원하고자 하는 사랑의 열정을 일으키소서. 애정과 끊임없는 충고, 권고, 질책으로 악한 자를 교화시키며, 그들을 당신의 사랑에까지 성장시키게 하소서.

오! 주님, 나의 아버지와 어머니, 형제자매들, 나의 친구들과 친척들, 나의 대적자들과 함께 이 밤에도 나를 전능하신 당신의 보호 아래 거하게 하심을 감사드립니다. 나를 편안한 휴식으로 새롭게 하셔서 당신을 섬기기에 더 적합한 자로서 일어나게 하소서. 당신에 대한 거룩한 생각으로 눕게 하시고, 당신과 함께 잠에서 깨어나게 하소서.

　모든 이의 부모이신 하나님, 온 세계에 당신의 자비를 나타내소서. 당신 아들의 복음을 온 지구상에 퍼지게 하시며, 영화롭게 하소서. 당신 아들의 복음이 불신자들에게 알려지며, 모든 기독인이 복음에 순종하게 하소서. 이 교회와 나라에 자비를 베푸소서. 당신의 감독들에게 분별의 영을 부어 주셔서, 그들이 당신의 신성한 사역에 더 잘 봉사할 수 있는 선택을 하게 하소서. 거룩한 소명을 위해 기름부음 받은 모든 자들이 당신이 위탁하신 양 떼를 성실히 먹이고, 그들을 구원의 지식으로 가르치며, 그들을 모범적인 행동으로 인도하고, 그들을 위해 기도하며 축복하게 하소서. 당신의 교회가 영적인 훈련을 행하며, 당신의 거룩한 예전을 합당하게 집전하게 하옵소서. 대통령을 비롯한 주권자들과 재벌들, 정치인들과 경제인들, 주님을 모르는 이들과 이 나라 백성 위에 당신의 복을 내려 주소서. 그들이 받은 갖가지 재능에 따라 당신 영광의 신실한 도구가 되게 하소서. 학교들과 대학들 위에 열심과 경건과 성실성을 베풀어 주시옵소서. 고통 받는 자녀들에게 자비를 베푸소서 (　　). 그들의 궁핍을 제하시며, 그들의 짐을 가볍게 하시고, 당신의 은혜로운 뜻에 기쁘게 복종하게 하셔서, 마침내 이 세상의 수고에서 자유하여 이미 안식을 취하고 있는 이들과 함께 우리 주님의 기쁨으로 이끄소서. 오! 성부와 성령과 우리 주 예수 그리스도여, 이제와 항상 영원히 찬양받으소서. 아멘.

내 영혼을 겸손으로 채우소서

오! 영원하고 자비로우신 아버지, 당신의 풍성한 자비로 나에게 부어 주신 영적, 육적 은혜에 대해 당신께 겸손히 감사를 드립니다. 주님, 당신을 사랑하고, 당신의 이름을 영화롭게 하며 살게 하소서. 특별히 태어난 순간부터 지금까지 보존하시고, 오늘 미명의 순간까지 안전하게 인도하심을 나의 온 맘을 다해 감사드립니다. 살아 숨쉬는 평생토록 나의 모든 생각과 말과 일로 당신께 영광 돌리기를 간구합니다. 오, 자비의 아버지시여! 나의 모든 허물을 치유하시고, 모든 어리석음으로부터 강건케 하시며, 나의 모든 죄악을 용서하소서. 징벌을 불러일으키는 나의 죄악이 자비와 용서를 구하는 나의 기도소리보다 더 크게 당신의 귓전에 울리지 않게 하소서.

오! 만복의 주님, 당신의 명령, 당신이 원하시는 것을 실행할 수 있게 도우소서. 당신을 신뢰하는 모든 자의 구세주시여, 당신 보시기에 가장 좋은 것만을 나와 더불어 시행하소서. 나에게 당신 속에 있는 마음을 주시옵소서. 당신의 온유하고 겸손한 마음을 배우게 하소서. 나에게 겸손의 영을 부으소서. 내 영혼의 구석구석을 겸손으로 채우시고, 겸손이 나의 마음을 늘 다스리게 하셔서 나의 모든 성품이 겸손에서 시작하게 하소서. 모든 생각, 소망, 계획 역시 겸손의 진정한 열매가 되게 하소서. 나 자신을 있는 그대로 받아들이게 하소서. 눕고 일어날 때, 끊임없이 나 자신을 훈련하게 하셔서, 내가 보기에도 항상 가난하고,

보잘것없으며, 비천하고, 형편없는 자로 보이게 하소서. 나는 지혜도 없고 거룩한 지식도 없는 자임을 확신하게 하소서. 나는 하찮은 존재이며, 아무것도 가진 것이 없으며, 아무것도 할 수 없는 자임을 생생하게 깨닫게 하소서. 내가 나의 무지와 실수, 약함과 더러움, 죄와 고통을 느낄 수 있게 하소서. 나는 내가 숨을 쉬는 공기만큼, 내가 밟는 흙만큼, 나를 비추는 햇빛만큼의 가치도 없는 자입니다. 인간에게 오는 명예를 갈망하거나 추구하지 않게 하소서. "기름보다 더 부드러운" 칭찬의 말들이 바로 "나를 찌르는 날카로운 칼날"임을 확신하게 하소서. 칭찬의 말들을 "코브라의 독" "죽음을 부르는 역병"보다 두려워하게 하소서. 죽음의 함정인 교만이 나를 엄습하고, 그 때문에 나의 기쁨을 빼앗길 때, 당신에게로 급히 피할 수 있게 도우소서. 나의 모든 심령 골수가 "당신만을 찬양하기에 합당하게 하소서. 그리하여 나의 적들에게서 나를 안전하게 하소서."

오! 은혜로우신 아버지여, 당신의 지식으로 이 땅에 세우신 모든 나라가 유일하신 하나님 당신만을 송축하게 하소서: 특별히 당신의 거룩한 교회들에게 복을 주시고, 진리와 은혜로 가득 채우소서; 이스라엘의 거룩한 자여, 타락한 곳에는 정결함을; 오류가 있는 곳에는 완전함을; 정의로운 곳에는 굳건함을; 분열이 있는 곳에는 일치를 주옵소서. 당신이 직분을 맡기신 모든 이들을 당신의 진리의 교리와 생명의 순전함으로 채우소서. 그들의 기도가 당신 보시기에 귀중한 향기가 되게 하소서. 하나님의 나라를 향한 그들의 눈물과 외침이 헛되지 않게 하소서.

오! 주님, 고통의 날에 왕의 소리를 들으소서; 오 하나님, 당신의 이름이 아들의 방패가 되게 하소서; 아들에게 소망을 주심으로, 그의 마음을 가득 채우소서. 아들의 마음을 오로지 당신 안에, 당신을 위해 존재하는 모든 것들 위에, 그리고 당신 위에 굳건히 세우소서. 당신의 거룩한 하늘나라로부터 당신 오른손의 구속의 능력으로 아들과 아들의 왕권을 보호하소서.

이 나라를 불쌍히 여기시고, 이 백성의 죄를 용서하소서; 당신을 우리에게로 돌이키시고, 우리에게 복을 주시며, 당신의 얼굴로 우리의 황폐함을 비추소서. 통치자들에게는 신중한 열정을, 이방인들과 백성에게는 겸손한 충성심을 채우소서. 당신의 은혜를 모든 신학교 위에 부어 주셔서, 학교의 목적을 바로 깨닫게 하소서. 고통 받는 모든 아들딸들을 위로하시고, 특별히 의를 위하여 핍박받는 이들을 위로하소서. 나의 아버지와 어머니, 형제자매들과 나의 친구들, 그들의 모든 친지들에게 은혜를 주소서. 나의 적대자들을 모두 용서하시고, 그들과 화해하게 하시어, 당신 안에 지금 잠들어 있는 모든 이들과 함께, 복되신 예수님의 공로와 중재를 통하여 영원한 생명으로 깨어나게 하소서. 성부와 성자와 성령이시여, "모든 영예와 권능과 지혜와 송축을" 모든 피조물에게 이제와 항상 영원히 받으소서. 아멘.

침상에서 당신을 기억하게 하시며

　오! 주님, 죄를 깊이 뉘우치는 심령으로 오늘 저녁 기도를 드리기를 갈망합니다. "오! 하나님, 나를 불쌍히 여기시고, 당신의 선하심과 무한하신 사랑으로 나의 죄를 도말하소서." 당신의 무한하신 사랑으로 내가 범한 죄에서 해방시키시며, 내가 받아야 할 징계에서 구원하소서. 나를 어둠의 모든 일에서 구원하시며, 모든 육신과 영혼의 더러움에서 깨끗하게 하소서. 그리하여 순결한 마음과 심령으로 일관하고, 진실하신 당신만을 따르게 하소서.

　당신의 모범과 교훈으로 우리에게 겸손과 온유를 가르치신 하나님의 어린 양이시여! 내 생활 중의 모든 생각과 말과 행사가 당신의 온유함과 겸손함을 따르게 은총을 내려 주소서. 내 안에 교만을 근절하시며; 나는 아무것도 아니며, 아무것도 가진 것이 없으며, 아무것도 할 수 없다는 사실을 깨닫게 하소서. 나는 수치와 멸시, 고통과 징계에만 합당한 자임을 깨닫게 하소서. 오! 주님, 당신 외에는 아무것도 찾지 않으며, 주장하지도 않게 하소서; 나의 영광이 아닌 당신의 영광만을 위하여 당신만을 바라보며 생명길로만 가게 하소서. 나의 선한 이웃이 요청한다 할지라도 나 자신을 칭찬하는 듯이 보이는 말은 한 마디도 하지 않게 하소서; 그 때조차도 다른 사람을 치유한다는 명목으로 나 자신의 영혼이 상하지 않도록 조심하게 하옵소서. 나의 귀와 마음이 칭찬에 대해서는 닫히게 하소서. 감미롭고 매혹적인 칭찬을 거절하게 하소서. 어떤 형태의 칭찬이든, 어떤 말로 칭찬하든지 그것을 두려워하게 하소서. 많은 능력 있는 사람들이 칭찬 때문에 파멸하여 사망의 골짜기로 떨어졌던 것을 기억합니다. 칭찬으로 나의 영혼을 지옥으로 인도하는 올무에서 구원하소서; 칭찬을 즐거워하지 않게 도와주옵소서.

모든 온전하고 좋은 은사를 주시는 주여, 당신은 언제나 나의 손으로 일하는 것을 기뻐하시고, 나의 은사와 다른 이들의 은사를 분별하게 가르치시며, 당신의 것은 당신께 돌리게 가르치십니다. 세상에서 일어나는 모든 선한 일을 행하시는 당신께 모든 영광을 돌립니다. 수정같이 맑고 순수한 빛을 저에게 비추소서; 당신의 소유를 나의 것으로 주장하지 않게 하소서.

인간들에게 경멸과 거절을 당하신 주여, 내가 친구들에게 무시당하고, 상사들에게 멸시당할 때, 동료들에게 조롱당하고, 아랫사람들에게 경멸적인 대우를 받을 때, 당신의 거룩한 죽음을 기억하게 하시며, 바로 그 순간에 그리스도의 제자가 되기 시작함을 기억하게 하소서. 당신의 온유하고 겸손한 심령으로 행복한 일들은 감사함으로 받아들이고, 그것을 신실하게 이용하게 하소서. 당신 때문에 사람들이 나를 핍박할 때 "기뻐하고 기뻐하게" 하소서. 나의 죄에도 불구하고 나의 교만과 허영을 치유하시는 당신의 선하심을 인정하게 하소서. 나에게 허락하신 내 영혼의 치료자들에게 당신의 자비를 내려 주소서.

"침상에서 당신을 기억하게 하시며, 잠에서 깨어날 때 당신에 대해 생각하게 하소서." 당신은 나를 과거의 모든 위험에서 보호하셨습니다; 당신은 내가 젊었을 때부터 지금까지 나를 도우시고 구원자가 되셨습니다; "당신의 날개 아래" 이 밤도 평안하게 하소서.

모든 인간의 창조자이며 보호자이신 하나님, 모든 이들에게 자비를 베푸소서; 당신의 거룩한 교회를 이교와 분열과 미신에서 보호하소서. 주권자들의 인격과 행동, 그들의 친척과 백성에게 복을 주소서. 국회의원들에게 은총과 지혜와 분별력을 주소서; 장관들과 판사들에게 공평과 용기와 신중함을 주소서; 상류층에게 근면과 절제를 허락해 주시고, 이 나라 모든 백성에게 은총을 더하시며, 거룩하고 겸손한 마음과 감사하는 영을 내리소서.

모든 교회와 특별히 성직자들 위에 당신의 은총의 이슬을 끊임없이 내리소서. 대학들에 평화와 경건함을 주소서; 고통 받는 모든 자들에게 끊임없는 인내와 구원을 내려 주소서. 나의 모든 친척들, 특별히 나의 아버지와 어머니, 형제자매들과 나의 친구들, 후원자들에게 복을 주소서. 나의 적대자들의 마음을 돌리시고, 그들과 나의 모든 죄를 용서하소서. 우리와 당신의 모든 거룩한 성도에게 심판 날에 예수 그리스도의 중보를 통한 자비를 베푸소서; 성부 하나님과 위로자이신 성령과 성자 예수 그리스도여, 모든 교회의 성도들에게 경배와 찬양과 감사를 영원히 받으옵소서. 아멘.

모든 일을 하나님 뜻대로 행하게 하소서

인간이 도달할 수 없는 빛에 거하며, 그 안에는 어둠이 존재하지 않으며, 그 얼굴빛으로 영원한 낮으로 존재하시는 아버지여! 이 밤에도 죄로 가득한 종을 보존하시고, 당신의 능력으로 살게 하시는 당신을 송축하며, 내 평생 당신을 섬기며 살 수 있기를 겸손히 간구합니다. 내 길의 인도자가 되시고 나의 영혼과 몸을 성화시키는 성령을 보내 주소서. 당신의 사랑으로 나를 구원하시고, 보호하시며, 나를 세우소서; 나에게 당신의 얼굴빛을 비추시고, 하늘의 평화를 주시며, 주의 날에 나의 영혼을 구원하소서.

"길이요, 진리요, 생명이신" 당신은 만일 자기 자신을 부인하지 않으면 어떤 인간도 당신을 따를 수 없다고 말씀하셨습니다. 오! 구세주시여, 당신은 우리에게 필요한 사랑을 부어 주신다는 것을 압니다. 당신은 우리의 질고와 우상인 자기 사랑을 보았습니다. 우리는 하나님에게서 멀리 떠나 우리 자신을 신격화하였고, 우리 자신을 기쁘게 했으며, 우리 자신의 뜻대로 행했습니다. 오! 주여, 나 자신을 부인하며, 모든 일을 당신의 뜻대로 행하게 하소서!

오! 하나님, 당신은 당신의 영원한 영광을 위해 당신 자신을 비우고, "종의 형체"를 입으셨습니다. 모든 인간을 당신을 섬기고, 기쁘게 하도록 만드신 당신은 당신 자신을 기쁘게 하지 않고, 모든 이들의 종이 되셨습니다. 하늘과 땅의 주님이신 당신은 당신의 뺨을 때리게 양보하였고, 당신의 등을 채찍질하게 내놓았으며, 당신의 손과 발을 나무에 못 박게 내놓으셨습니다. 우리의 주님이신 당신은 이렇게 당신 자신을 희생하셨습니다; 우리는 이만큼 우리 자신을 포기할 수 있을까요? 나의 주님, 나의 하나님, 감히 나의 주님을 넘어서겠다고 생각하지 않게 하소서! 나의 주님을 닮는 것이 내 마음의 단 한 가지 소원이 되게 하소서. 나 자신의 뜻대로 하지 말고, 나를 보내신 분의 뜻을 따르게 하소서.

생명을 다해 당신은 외쳤습니다. "아버지여, 내 뜻대로 마옵시고, 당신의 뜻대로 행하소서." 나에게 당신을 본받아 걸을 수 있고, 당신의 발자국을 따를 수 있는 은총을 내려 주소서. 매일 십자가를 질 수 있는 은총을 내려 주셔서 고난도 참을 수 있게 하소서. 비가 내리고 홍수가 엄습하기 전에 경건을 훈련하게 하소서. 육체를 기쁘게 하지 않는 일을 훈련하고, 나 자신을 부인하지 않으려는 감각, 욕망, 열정을 부인하는 연습을 하게 하소서.

비록 당신의 기쁨을 위해 모든 것을 창조하셨지만, 당신은 당신 자신을 기쁘게 하지 않으셨습니다. 당신의 성령을 나에게도 주셔서, 나도 나 자신을 부인하고 당신을 따르게 하소서. 나의 영혼을 강건케 하셔서 모든 일에 절제하며, 당신의 피조물을 당신이 나에게 명령하신 목적대로만 사용하게 하소서. 궁극적으로 당신 아닌 어떤 욕망에도 만족하지 않게 하소서. 당신 안에서의 기쁨 아닌 모든 기쁨은 피하게 하소서; "육체의 욕망, 안목의 정욕, 이 생의 자랑"에 빠지지 않게 도우소서. 오! 주님, 나의 감각과 욕망, 열정과 이성을 지키셔서, 당신의 영광을 가리는 모든 욕망을 단호하게 부인하게 하소서. 나를 이렇게 선한 길로 훈련시키셔서, 늙어서도 그것에서 떠나지 않게 하소서; 세상을 십자가에 못 박는 심령이 되게 하소서.

인류를 위한 나의 기도에 귀 기울이시고, 그들의 발걸음을 평화의 길로 인도하소서; 당신의 거룩한 교회가 당신의 성령에 의해 살고, 당신의 영광 안에서 다스려지게 하소서. 당신이 이 세상에 심은 당신의 지체인 교회를 기억하소서. 특별히 당신의 거룩한 교회의 청지기들을 기억하시고, 그들에게 그들 자신뿐만 아니라 그들의 말씀을 듣는 이들도 구원할 수 있는 열심과 성실과 지혜를 허락하소서.

하늘과 땅의 위대한 왕이시여, 모든 기독교인, 특별히 대통령과 그의 가족을 보호하소서. 국무위원들과 대통령 산하 여러 부처들이 정의를 실현하게 하옵소서. 당신의 백성에게 하늘의 은총을 내려 주셔서 그들이 당신을 신실하게 섬기게 하소서. 대학들에게 성실과 하나 됨과 경건으로 복 주소서. 비록 진리의 길이 비난받는다 할지라도 끝까지 그 길을 가게 하시옵소서. 고귀한 소명을 망각하거나 훼손하는 자들에게는 그들이 "선택받은 자들이며, 왕 같은 제사장이며, 거룩한 나라요, 특별한 자들"임을 기억하게 하옵소서. 그 결과 그들을 어둠에서 놀라운 빛으로 부르신 당신을 찬양하게 하옵소서.

오! 은혜로우신 주님, 사랑의 눈길로 나의 적대자들과 고통당하는 이들을 바라보소서; 그들이 고통 중에 인내하게 하게 도우시며, 그들과 모든 교회 위에 안식을 더하소서. 악한 자들도 고통에서 건지시며, 심판의 날에 긍휼을 베푸소서. 특별히 당신께 나의 아버지, 어머니, 나의 형제자매들, 나의 친구들과 친척들을 위해 기도합니다. 오! 주님, 당신은 그들의 필요를 아십니다; 그들의 필요에 맞게 복을 내리소서.

오! 주님, 나의 기도가 당신의 사랑하는 아들, 예수 그리스도를 통해 당신께 상달되게 하소서. 성령과의 하나 됨 안에서, 성부와 함께, 의로우신 예수 그리스도여, 모든 사랑과 순종을 지금부터 영원까지 받으옵소서. 아멘.

매일 나를 부인하고 십자가 지게 하소서

오! 하늘과 땅의 전능하신 주님이여, 나는 두려움과 부끄러움으로 당신 앞에 무릎 꿇고 나의 수많은 죄와 참을 수 없는 악함을 겸손히 고백합니다. 오! 위대하신 하나님, 슬프게도 나는 당신께 생각과 말과 행동으로 특별히 오늘까지 죄를 범하였습니다. 오! 하나님, 당신의 말씀과 당신의 율법들은 거룩하며, 당신의 심판은 두렵습니다. 그러나 나는 당신의 모든 의로운 율법을 범하였으며, 당신의 무서운 심판에 부딪혔습니다. 당신이 진노하시면, 제가 어디에 설 수 있겠습니까?

그러나 심판자이신 당신은 또한 나의 구세주가 되십니다. 나는 죄를 범하였습니다. 그러나 은혜의 주님이신 예수님은 나의 변론자가 되십니다! 은혜로우신 주님, 나를 용서하소서. 당신의 종을 용서하소서. 당신은 귀중한 피로 나를 구원하셨습니다. 심판의 날에 나의 죄악을 기억하지 마시고, 당신의 자비를 내게 내리소서. 나를 죄의 능력에서 구원하시며, 징계에서 보존하소서.

당신의 사랑은 측량할 수 없으며, 선하심은 형언할 수 없습니다. 용서와 화해를 간구하는, 돌아온 당신의 종을 멸시치 마소서. 과거의 죄를 용서하소서. 모든 죄를 회개하나이다. 앞으로는 순결한 심령으로 당신의 뜻을 행하며, 겸손히 당신과 동행하며, 사람들과 사랑으로 대화하며, 거룩한 영혼과 육체를 소유하게 하소서.

"나의 주님, 나의 하나님," 내가 당신과 함께 죽지 않는다면, 당신과 함께 부활할 수 없음을 압니다. 나를 강건케 하셔서 매일 나 자신을 부인하고 나의 십자가를 지게 하소서. 나의 옛 사람을 십자가에 못 박고, 죄의 육신을 멸하게 하시옵소서. 육에 속하는 모든 것 - 본성을 타락시키는 모든 일과 성품 - 을 십자가에 못 박게 하소서. 거룩하고 자비로우며 완전한 당신의 율법을 어긴 죄를 멸하소서. 나를 세상으로는 죽게 하소서. 세상에 속한 모든 것 - 육체의 욕망, 안목의 욕심, 이 생의 자랑 - 으로는 죽게 하소서. 당신께 합당하지 않은 쾌락으로는 죽게 하소서. 나 자신의 뜻으로는 죽고, 오직 당신의 뜻으로만 살게 하소서. 나는 내 것이 아닙니다; 당신이 나를 "당신의 피 값으로 사셨습니다." 이후로는 "우리가 우리 자신으로 살지 아니하고, 우리를 위해 죽으신 당신을 위해 살도록" 하시기 위해서, 당신은 모든 이를 대신하여 죽으셨습니다. 우리를 이 마음으로 무장시키소서; 나의 마음에 할례를 행하셔서, 나를 새로운 피조물로 만드소서. 더 이상 인간의 욕망으로 살게 마시고, 하나님의 뜻대로만 살게 하소서. 성령이여, 내가 당신의 사도와 함께 고백할 수 있게 도우소서: "내가 그리스도와 십자가에 못 박혔으니, 이제는 내가 산 것이 아니요, 내 안에 그리스도가 사신 것이라."

영혼의 위대한 목자이신 당신은 잘못된 길로 간 당신의 양 떼를 집으로 데려오십니다. 당신의 교회를 모든 이교와 분파에서, 진리를 핍박하고 반대하는 모든 것에서 보호하시며, 당신의 사도들에게 지혜와 거룩함과 성령의 능력을 부으소서. 모든 기독교인 정치인들과 대통령을 정의로 이끄시며, 그들의 인격을 보존하소서: 대통령과 나라를 이끄는 모든 이들에게 당신의 뜻을 행할 수 있는 은총을 내려 주소서.

오! 주님, 모든 수도원과 학교에 은총을 내리셔서, 그들의 학문이 당신께 영광을 돌리게 하소서. 고통 받는 이들에게 자비를 베푸시며, 가난한 자들과 어려움에 처한 자들, 과부와 고아들, 억눌린 자들을 기억하소서. 아픈 자들과 약한 자들을 치유하시며, 그들이 당신의 막대기를 거룩하게 사용케 하소서. 당신이 이 막대기를 그들을 위한 방편으로 삼으셔서, 그들을 이미 죽은 당신의 성도들의 반열로 받아들이시고, 당신의 영원한 나라에 임하게 하소서.

오! 나의 하나님, 나를 지금까지 보호해 주심에 감사를 드립니다. 오늘도 나를 지키시고, 영적으로 육적으로 위로하시며, 지금도 당신께 기도하게 하심을 감사드립니다. 보잘것없는 기도를 받으시고, 모든 거룩한 의무를 행하면서 범한 죄를 용서하소서. 나의 친구들과 친척들, 나에게 은혜를 베푼 이들, 나의 대적자들을 (이 밤뿐 아니라 영원히) 당신 자녀들의 복으로 채워 주소서.

오, 지극히 자비하신 아버지여, 우리 구세주 예수 그리스도의 중보를 통해 나의 기도를 들어 주소서; 성부와 성령과 함께 성자 예수 그리스도, 한 분이신 하나님은 성도들의 모든 교회 안에서 영원히 영광과 경배를 받으옵소서. 아멘.

나는 하나님의 것입니다

오! 영원하신 하나님, 나의 주님이시여, 나 자신과 내가 소유한 모든 것이 당신의 것임을 고백합니다. 나에게 당신의 무한한 선하심을 허락하셔서, 모든 가능한 사랑과 순종을 당신께 돌려드리게 하옵소서.

당신이 나에게 허락하신 모든 은총에 겸허한 마음과 진심으로 감사드립니다; 나를 당신의 형상으로 창조하신 은총과 당신의 선하심으로 매일 보호해 주시는 은총, 당신 아들의 죽음으로 구원해 주신 은총, 그리고 당신의 성령의 도우시는 은총에 감사를 드립니다; 나를 기독교 국가에 태어나게 하신 은총과, 나에게 믿음의 부모님과 친구들을 주시고, 당신의 은총의 성례전을 허락하심으로 많은 은총의 수단을 경험케 하심에 감사를 드립니다. 또한 모든 현세의 복을 허락하심에 감사를 드립니다; 오늘밤 나를 보호해 주신 은총과 건강과 힘, 음식과 의복, 모든 생활의 안락과 필요를 허락하신 당신께 감사를 드립니다. 내가 당신의 거룩한 이름을 찬양하며, 나의 위대한 보호자이신 당신을 사랑하게 하소서.

오! 자비의 아버지시여, 비천하고 불쌍한 나를 향한 당신의 사랑을 거두지 마소서; 당신의 손으로 창조하시고, 당신 아들의 피로 구원하신 나를 멸시치 마소서. 당신 아들의 이름을 위하여, 가장 겸손한 심령으로 나의 모든 죄의 용서를 간구합니다. "이제 나는 당신의 뜻만 행하게 되었습니다; 당신의 도우심으로 더 이상 내 뜻대로 하지 않기로 결심했습니다. 일심으로 당신의 선하신 기쁨에만 순종하기로 결심했습니다: 나의 모든 생각과 말과 행동에서 "내 뜻대로 마옵시고 아버지의 뜻대로 행하시옵소서."

만물 안에, 만물을 통하여, 만물 위에 거하시며, 모든 것에 충만하신, 천사들과 인간들의 하나님이 되시는 주여! 우리는 당신 안에서 살아 있고, 움직이며, 존재합니다. 주여, 나의 뜻이 전적으로, 끊임없이 당신에게서 흘러나오게 하옵소서.

만물을 주관하시는 지고의 선이시며, 전능하신 지혜자시여, 당신은 분노의 순간에조차도, 당신의 영광과 당신을 사랑하는 이들의 유익을 위하여 모든 만물을 늘 사랑으로 명하시며 다스리십니다. 하늘과 땅의 모든 자녀들의 아버지시여, 당신은 당신의 자녀들, 특별히 당신을 사랑하는 모든 자녀들에게 모든 것이 합력하여 선을 이루게 역사하십니다. 내가 당신의 모든 뜻을 이해할 수는 없더라도, 당신의 뜻을 경외할 수 있게 가르치소서. 당신이 나의 왕이심으로 인해 기뻐하며, 나에게 주신 모든 것에 감사하게 하소서. 그리고 앞으로 당신이 나에게 주실 모든 것도 당신을 기쁘시게 하는 일에 사용하게 하소서. 당신의 지혜에 절대적으로 순종하며, 그 지혜의 열매를 당신께 바치게 하소서.

오 주님, 나는 당신께 나의 몸과 영혼, 물질과 명예, 나의 친구들과 나의 자유, 나의 생명까지도 드립니다: 당신 보시기에 가장 아름다울 수 있게 나의 모든 것을 버리게 하소서. 나는 내 것이 아니라 당신의 것입니다. 나를 당신의 소유로 삼으시고, 책임져 주시며, 당신의 자녀로 사랑해 주소서. 내가 공격당할 때 나를 위해 싸워 주시고, 내가 해를 당할 때 상처를 싸매 주시며, 내가 쓰러질 때 나를 소생시키소서.

내가 무엇을 하든지, 오늘 무슨 일을 당하든지 당신의 영광을 위해 나를 도우소서. 당신과 모든 이들을 위해 당신의 날개 아래 품어 주소서. 나의 길을 인도하시며, 당신 앞에 바로설 수 있게 도우소서. 이 생의 일들, 혹은 많은 걱정들이 당신에게서 오는 사랑을 소멸치 않게 하소서; 내가 세상을 좇지 않고, 당신을 위하여, 당신의 뜻에만 순종하게 하소서.

오! 주님, 모든 인류를 불쌍히 여기소서; 이방인들을 당신의 진리로 깨우치시며, 당신의 양 떼, 옛 유대 백성을 진리로 이끄소서. 거룩한 교회에 은총을 내리시며, 당신이 교회에 주신 교리와 교훈들을 보존하소서. 이 나라의 모든 이들, 특히 통치자들과 성직자들이 하는 모든 일이 당신께 영광이 되게 하소서. 참된 종교와 유용한 지식을 양성하는 기관들에게 복을 더하시며, 그들이 그 기관의 목적을 가볍게 여기지 않게 하소서. 고통 중에 있는 모든 이들, 가난에 시달리는 이들을 불쌍히 여기소서. 육지나 바다로 여행하는 이들의 안내자가 되어 주소서. 사형 선고를 받은 이들에게 강하고 고요한 영혼을, 죄수들과 간힌 자들에게 자유를, 슬픈 마음이 있는 자들에게 평안과 기쁨을 허락하소서. 정직한 양심을 가진 이들과 악령에 시달리는 이들에게 영적인 힘과 위안을 허락하소서. 정신지체 장애인들을 불쌍히 여기시며, 당신이 지각을 허락하지 않은 이들에게 생명과 구원을 허락하소서. 실수한 이들에게 당신의 진리의 빛을 비추시며, 모든 죄인을 회개케 하시며, 모든 이단자에게 거룩한 믿음을 공적으로 인정함으로써 당신의 교회에 보상할 수 있는 겸손과 은총을 주시옵소서. 나의 친구들과 친척 친지들, 적대자들에게 복을 주소서; 우리를 당신의 사랑과 거룩함으로 서로 연합하게 하시며, 당신을 믿고 경외하며 살다가 우리보다 앞서 간 이들과도 연합하게 하소서. 그리하여 마지막 날에 당신 아들의 공로를 통하여 당신께 열납되게 하소서. 성부와 성령과 함께하시는 성자 예수 그리스도께, 모든 나라와 권세와 영광이 영원히 있사옵나이다. 아멘.

나를 성화케 하시는 분이여

나의 주님, 나의 하나님, 당신은 나의 마음을 감찰하십니다. 나의 욕망은 당신께 숨겨지지 않습니다. 나의 행복은 당신의 선하심으로 풍성해집니다. 나는 당신의 아주 작은 은총조차도 받을 가치가 없는 존재임을 압니다. 그럼에도 나를 당신 앞에 드립니다. 내가 얼마나 오랫동안 나그네로, 당신의 대적자로 살아왔는지를 생각할 때 정말 부끄럽습니다. 인생길에서 나 자신의 기쁨을 위해 살아왔음을 생각할 때 또한 부끄러움을 감출 수 없습니다. 그러나 지금, 당신께 돌아가기를 소망합니다. 나 자신을 위한 모든 이익과 소망을 버리고, 전적으로 당신께 헌신하기를 소망합니다; 내가 당신의 것이기를, 영원히 당신의 소유가 되기를 소망합니다. 나는 아무것도 아니며, 아무것도 할 수 없는 존재입니다. 내가 당신 것일진대, 나는 당신께 전적으로 빚을 지고 있음이 분명합니다. 오! 나의 하나님, 나의 구세주, 나를 성화케 하시는 분이여, 당신을 찾는 불쌍한 영혼에게서 당신의 얼굴을 돌이키지 마소서; 당신이 나에게 이 소망들을 주셨으니, 이 소망들을 견고하게 하시고, 강하게 하시며, 성취하소서. 내가 당신께 바치는 보잘것없는 헌신조차도 거절하지 마소서. 나를 가르치셔서 당신 앞에 열납되게 하소서. 주여, 내 소망을 들으시고, 도우시며, 예수 그리스도로 말미암아 자비를 베푸소서.

오! 성부와 성자와 성령, 나의 창조주 하나님, 속죄주 그리스도, 성화케 하시는 성령님, 성삼위 하나님께 나 자신을 모두 바칩니다. 내 평생 당신만을 섬기게 하옵소서.

나의 이성을 당신께 드립니다: 당신의 완전함, 당신의 일, 당신의 뜻을 깨닫기 위해서만 나의 이성을 사용하게 하옵소서. 그 밖의 것들은 배설물로 여기게 하옵소서. 당신이 나에게 가르치지 않은 것에 대해서는 나의 이성을 사용하지 않게 하소서.

당신께 나의 뜻을 바칩니다: 내 뜻을 품지 않게 하소서; 당신이 원하는 것이 무엇이든지 나도 그것만을 원하게 하옵소서. 당신이 그랬듯이 당신의 영광을 위해 모든 것을 원하게 하옵소서; 나로 시편 기자처럼 고백하게 하소서. "하늘에서도 당신만을 바라며, 이 땅에서도 당신만을 바라나이다." 당신의 뜻을 기쁨으로 행하게 하시며, 그것을 위해 기쁘게 고난 받게 하소서. 설사 위협을 당한다 할지라도 이렇게 고백하게 하소서. "당신께 유익한 일을 행케 하신 이는 주님이시니, 나를 향한 당신의 뜻일진대, 무슨 일을 당하든지 감사케 하소서."

나의 사랑을 당신께 드립니다: 나의 사랑을 받아 주소서; 나의 사랑, 나의 두려움, 나의 기쁨 모두를 받으소서; 당신을 위해 이 모든 것을 드리게 하소서. 당신이 사랑하는 것을 나도 사랑하게 하소서; 당신이 싫어하는 것을 나도 싫어하게 하소서; 당신 보시기에 좋게 나를 고치소서.

나의 몸을 당신께 드립니다: 내 몸으로 당신께 영광 돌리게 하소서. 오! 하나님, 나의 몸을 거룩하게 하시며, 당신을 위해, 당신 안에 거하게 하옵소서. 내 몸을 너무 사랑하지도, 너무 혹사하지도 않게 하소서; 나의 몸을 건강하고, 생기왕성하게 보존시켜 주셔서, 당신이 원하시는 일들을 행하게 하소서.

당신께 나의 모든 세상 재물을 드립니다: 당신만을 위해 그것들을 귀중히 여기며, 사용하게 하소서: 생활에 필요한 최소한의 것들을 제외하고는, 당신이 나에게 허락하신 모든 것을 가난한 이들 속에 계시는 당신께 돌려드리게 하소서. 나의 주님, 당신께서 나의 손에서 그것들을 요구하실 때, 만족함으로 내어놓게 하소서.

당신께 나의 신용과 명성을 드립니다: 그것들에 가치를 두지 않고, 당신만을 경외하게 하소서; 명성을 위해 노력하지 않고, 세상에서 당신을 섬기며, 당신만을 영화롭게 하게 하소서.

당신께 나 자신과 나의 모든 것을 드립니다: 나는 아무것도 아니며, 아무것도 가진 게 없는 존재임을 알게 하소서. 당신은 나의 통치자이시며, 나의 분깃이시며, 나의 모든 것입니다.

이후로 내가 이 엄숙한 약속을 깨뜨리고 싶은 유혹을 느낄 때, 세상과 나를 둘러싼 친구나 관습을 따르고 싶어 할 때, 나의 모든 것인 나의 하나님이시여, 이렇게 말하게 하소서. "나는 나 자신의 것이 아닙니다; 나는 나 자신을 위해, 세상을 위해 존재하는 것이 아니라, 당신만을 위해 존재합니다. 나는 하나님의 것들을 하나님께 드릴 것입니다. 죄인인 나에게 자비를 베푸소서."

모든 육체의 영이신 아버지여, 모든 인류에게 자비를 베푸소서. 모든 유태인, 터키인, 이교도들을 당신의 진리로 돌이키소서. 교회에 은혜를 내리소서; 분파들을 치료하시고, 그것들을 진리와 평화 위에 세우소서. 모든 기독교 통치자들과 가족들을 보호하시고 변호하소서. 이 나라에 자비를 베푸소서; 건전한 교리와 순결한 생활을 지키는 성직자들과 지혜로운 국회의원들, 성실과 열심으로 행하는 장관들, 충성스런 국민들에게 복을 주소서. 학문과 경건이 있는 대학들을 기억하셔서, 그들이 당신께 합당하고 적절한 봉사를 끊임없이 올리게 하소서.

당신의 은총을 나의 모든 친지와 친구들, 그들의 가족 위에 베푸소서. 몸과 마음의 고통으로 고생하는 이들을 위로하시며, 특별히 양심의 시험으로 고통당하는 이들에게 은총을 내리소서. 오! 은혜로우신 주님, 그들의 고통 속에 임하소서. 당신은 고통 중에 있는 모든 이들을 아시며, 감찰하십니다. 그들의 영혼이 당신 안에 거하게 하옵소서; 당신의 이름을 위하여 그들이 고통받을 가치가 있다고 인정되는 것을 기뻐하고, 믿음의 완성자이신 그리스도와 창조주 하나님을 끊임없이 바라보게 하소서. 감옥에 갇힌 이들과 당신의 거룩한 안수를 원하는 이들의 영혼을 풍성하게 하시며, 당신의 때에 그들을 구원하시고, 당신의 이름을 사랑했던 이들에게 자비를 베푸소서. 나를 사랑하여 선을 베풀었던 이들에게 7배로 갚아 주시며; 나를 미워하는 이들의 마음을 돌이키시고 용서하소서; 당신의 모든 교회와 더불어 우리가 예수 그리스도로 말미암아 당신의 영원한 나라에 들어가게 하소서; 성부와 성령과 함께하시는 예수 그리스도, 삼위일체이신 하나님께 모든 주권과 위엄과 능력이 이제와 항상 영원히 있사옵나이다. 아멘.

금요일 아침

나의 빛 나의 평화가 되소서

전능하고 영원하신 하나님, 나의 심령이 당신을 송축하나이다. 지난밤에도 나를 보존하시고, 당신의 섭리의 은총으로 사탄의 권세와 음모에서 나를 보호해 주심을 송축하나이다. 나를 떠나지 마옵소서. 내가 겸손히 당신께 간구하나이다. 오늘도 당신의 자비의 눈길로 나를 보호하소서. 나의 영혼과 몸을 당신 뜻대로 인도하시며, 나의 심령을 성령으로 채우셔서 오늘도, 아니 내 전 생애를 당신의 영광을 위해 살아가게 하소서.

오! 세상의 구세주이시며, 신 중의 신이시고, 빛 가운데 빛이신 당신은 아버지의 영광의 빛이시며 그분 인격의 형상을 가지신 분입니다. 사탄의 권세를 멸하고 죽음을 이기신 당신은 아버지의 우편에 앉아 계십니다. 당신은 아버지의 영광 가운데 그들의 행업에 따라 모든 사람을 심판하기 위해 오실 것입니다: 당신은 나의 빛, 나의 평화가 되소서; 내 안에서 사탄의 권세를 물리치시고, 새로운 피조물로 만드소서. 막달라 마리아에게서 일곱 귀신을 내쫓으신 주님이여, 내 심령의 더러운 것들을 쫓아내소서. 죽은 나사로를 살리신 당신이여, 나를 죄의 죽음에서 일으키소서. 나병환자를 깨끗하게 하신 주님, 내 영혼의 질병을 고치소서; 내 눈을 여시고, 일심으로 나의 고귀한 소명의 상급만을 바라보게 하소서. 나의 마음을 모든 욕망에서 씻어 주시고, 당신의 영광만을 위해 나아가게 하소서.

비참하게 멸시당하셨던 예수여, 나를 불쌍히 여기소서. 멸시와 모욕과 박해를 받으셨던 예수님, 내가 당신을 따르는 것을 부끄러워하지 않게 하시며, 자비를 베푸셔서 부끄러움 없이 당신을 따르게 하소서. 배반당하시고, 은전 몇 푼에 팔리신 예수여, 나를 불쌍히 여기셔서 당신이 나의 주인이신 것으로 만족하게 하소서. 참람하게 고소당하고 비참하게 죽임을 당하신 예수여, 나를 불쌍히 여기셔서 죄인들의 반대에도 견뎌내게 하소서. 부끄러움과 수치로 옷 입혀졌던 예수여, 나를 불쌍히 여기셔서 나의 영광을 좇지 않게 하소서. 모욕과 침 뱉음을 당하셨던 예수여, 나를 불쌍히 여기셔서 내 앞의 달려갈 길을 인내로 달려가게 하옵소서. 골고다까지 끌려가 채찍질을 당하며, 피로 온몸을 적시셨던 예수여, 나를 불쌍히 여기셔서 불 같은 시험에도 넘어지지 않게 하소서. 가시관을 쓰고, 욕을 당하셨던 예수여; 우리의 죄를 대속하시고, 사람들의 저주를 받으셨던 예수여; 상처와 슬픔과 수치를 온몸에 받으셨던 예수여; 저주받은 나무에 달리시고, 고개를 떨구시고 영혼을 의탁하셨던 예수여, 나를 불쌍히 여기시고, 내 온 영혼이 당신의 거룩하고 겸손한 고난의 영혼을 따르게 하소서. 나를 사랑하시는 당신은 말할 수 없는 고통과 수치를 당하셨습니다. 예수여, 나를 온전히 비우게 하셔서 매일 나의 십자가를 지고 당신을 따르게 하소서. 나 역시 고통을 참으며, 부끄러워하지 않게 하소서. 당신의 뜻이라면, 피 흘리는 것까지도 거절하지 않게 하소서.

거룩, 거룩, 거룩, 전능하신 하나님, 비참한 죄인인 나는 내 힘으로는 기도조차 할 수 없음을 겸손히 고백합니다. 당신이 나에게 모든 이들을 위해 중보기도할 것을 명령하셨기 때문에, 당신의 명령에 순종하여, 당신의 무한한 선하심을 신뢰하며 기도를 드립니다. 모든 인류의 궁핍함을 불쌍히 여기소서. 주님, 당신의 교회에 초대교회의 평화와 순결을 회복시키셔서 당신의 기쁨을 충만케 하소서. 죄에 빠진 국가들에게 당신의 자비를 베푸셔서 마침내 우리가 죄를 회개하여 끊어 버리게 하소서. 우리 교회를 분파와 이교와 신성모독의 공격에서 보호하소서. 모든 감독과 목회자들에게 사도적 은총을 부어 주소서. 모든 영적, 육적인 적들에게서 대통령을 보호하셔서 당신의 기쁨을 더하소서. 대통령 가족에게 복을 더하소서. 국회의원들에게 지혜를, 장관들에게는 열심과 신중함을, 상류층과 일반 백성에게는 경건과 충성을 더하소서.

주님, 대학들 위에 당신의 은총을 내리셔서, 그것이 당신의 기쁨이 되게 하소서. 내가 상처를 준 이들에게 복을 주시고, 내게 상처 준 이들을 용서하소서; 슬퍼하는 이들을 위로하시며, 아프고 고통 받는 자들에게 건강과 인내를 허락하소서.

당신을 경외하는 나의 어머니, 아버지에게 은혜를 더하셔서, 그들의 모든 대화가 거룩하게 하소서. 나의 부모님이 그들에게 남은 시간이 얼마나 짧은지를 깨달아 매순간 신중하게 거룩함을 완성해 나가게 하옵소서. 나의 부모님을 젊어서부터 지금까지 지켜 주셨던 하나님, 그들을 노년에도 버리지 마시고, 모든 선한 언행으로 그들을 완전케 하시며, 죽는 순간까지 인도하소서. 당신이 은혜롭게 그리스도의 복음을 가르쳐 주셨던 나의 형제자매들에게 복을 내리소서; 그들을 더욱 조명하셔서 완전한 심령과 뜻으로 당신을 섬기게 하소서. 나의 친구들과 나를 돕는 이들, 나의 기도 가운데 있는 모든 이들을 기억하소서. 우리의 모든 형편과 소원, 필요를 너무도 잘 아시는 주님, 당신의 은총과 자비로 우리의 필요를 채우소서.

오! 자비하신 아버지여, 당신의 아들 예수로 말미암아 나의 간구함을 들으소서. 세상의 시초로부터 당신을 기쁘게 했던 모든 이들과 더불어 당신 아들 나라의 영광에 이르게 하소서: 성부와 성령과 함께하시는 예수 그리스도, 성삼위 하나님, 영원 무궁히 모든 찬양을 받으소서. 아멘.

나를 불쌍히 여기소서

오! 성부 하나님이시여, 당신은 단지 멸망에 이르게 하기 위해 나를 창조한 것이 아니오니, 나를 불쌍히 여기소서.

오! 성자 하나님이시여, 당신은 아버지의 뜻을 아시고 나를 구원하기 위해 세상에 오셨으니, 나를 불쌍히 여기소서.

오! 성령 하나님이시여, 당신은 같은 목적을 위해 내 안에 거룩한 생각을 불어넣어 주시니, 나를 불쌍히 여기소서.

오! 거룩과 은혜와 영광의 삼위일체이신 하나님이시여, 나를 불쌍히 여기소서.

당신은 내가 멸망하지 않기를 원하십니까? 당신은 모든 사람이 멸망당하지 않기를 바라십니까? 당신은 지금 벌레 같고 풀잎 같은 존재, 당신 앞에서 사라질 안개 같은 존재를 향해 진노하기를 원하십니까? 나의 날이 얼마나 짧은지를 기억하시고, 나의 영혼을 음부의 권세로 이끌지 마소서. 내 피에 무슨 유익이 있겠나이까? 음부에서 누가 당신께 감사를 드리리이까? 나를 당신 눈앞에서 살게 하소서: 오! 나의 하나님, 나를 살리셔서 내 영혼이 당신을 찬양케 하소서. 당신께 불순종하여 당신을 진노케 했던 일을 기억하지 마소서; 고통 중에서 당신께 도움을 간구하는 나를 살피소서. 나를 죄인으로 간주하지 마시고, 당신의 피조물로 여기소서. 나는 추악한 죄인임을 고백합니다: 오! 나의 하나님, 그러나 이것이 당신을 훼방하지 못하게 하소서; 당신은 그러한 죄인들 위에 위대한 영광을 드러내시기 때문입니다.

당신 아버지의 품을 떠나, 당신의 여종에게서 태어나신 것이 누구를 위해서였는지를 기억하소서. 당신의 거룩한 몸이 찢기고, 침 뱉음을 당하고, 십자가에 못 박힌 것이 누구를 위한 것이었는지 기억하소서. 온 세상의 죄 때문이 아닙니까? 당신이 나를 제외시키실 만큼 내가 당신의 영광에 해가 됩니까? 당신은 단지 가벼운 죄인들을 위해서만 죽으시고, 나 같은 죄인은 치료하지 않고 남겨 두셨다고 생각할 수 있겠습니까? 예루살렘을 피로 물들게 했던 사람은 어떻게 되는 것입니까? 죄된 직업에 종사하던 여인은 어떻게 되는 것입니까? 당신께 맹세하고도 당신을 세 번이나 부인한 당신의 제자는 어떻게 되는 것입니까?

당신은 용서하시기가 얼마나 쉽습니까? 용서는 당신의 본성이기 때문입니다. 당신은 구원하시기에 얼마나 합당하신 분입니까? 당신의 이름은 구원자이기 때문입니다. 당신이 세상에 오신 것은 얼마나 마땅한 일입니까? 그것이 당신의 일이었기 때문입니다. 내가 죄인 중의 죄인임을 생각할 때, 나는 당신을 아버지라 부를 수 없습니다. 그렇다고 해서 당신의 주된 임무를 행치 않으시렵니까? 나를 불쌍히 여기소서.

나는 당신께 이 세상의 것들을 간구하지 않습니다. 그것들을 당신이 기뻐하시는 이들에게 주시고, 나를 불쌍히 여기소서. 나의 영혼에게 말씀하소서. "기뻐하라, 네 죄가 사함 받았도다." 더 이상 당신께 죄짓지 않게 하소서! 나의 양심이 나를 혹독하게 비난할 때조차도, 당신은 나를 가장 불쌍히 여기소서.

오! 하나님, 불에서 건져낸 막대기인 나를 구원하소서.

오! 나의 구원자시여, 길 잃은 양인 나를 받아 주시고, 내 영혼의 위대한 목자이며, 감독이 되시는 당신께 지금 돌아가게 하소서.

아버지여, 나의 불완전한 회개를 받아 주시고, 나의 죄를 불쌍히 여기시며, 나의 악함을 용서하시고, 나의 더러움을 깨끗게 하시며, 나의 약함을 강하게 하시고, 나의 불안정함을 안정으로 이끄소서. 당신의 성령이 나를 영원히 살피시고, 당신이 항상 기뻐하시는 당신 아들의 공로와 고난과 사랑을 통하여, 당신의 사랑이 나의 마음을 다스리게 하소서.

오! 거룩하신 예수여, 온 세상에 당신의 은총을 내려 주소서; 당신의 피로 구원받은 모든 이들이 당신을 주님으로 인정하게 하소서. 모든 기독교인, 특별히 이 나라의 기독교인들이 세상 것들로 오염되지 않게 하소서. 모든 통치자와 주권자들이 지혜와 정의로 다스리게 하소서; 성직자들이 그들의 삶으로 모범을 보이게 하시며, 그들의 수고가 신실하고 성실하게 하소서. 우리의 대학들이 폭력과 분열에서 자유하게 하시며, 참 종교와 건전한 학문으로 나아가게 하소서. 고통 받는 이들을 곁에서 도우시며, 그들이 당신을 신뢰하게 하소서. 과부와 아버지가 없는 이들, 친구가 없는 자들과 압제당하는 자들에게 친구들을 보내소서. 모든 아픈 이들에게 인내를 주시고, 모든 고통당하는 양심들을 위로하시며, 유혹받는 모든 이들에게 힘을 더하소서. 나의 친척들, 나를 사랑하는 모든 이들, 나를 기도 중에 기억하는 모든 이들, 내 기도 중에 기억되기를 원하는 모든 이들에게 은총을 내리소서. 오! 자비로우신 주님, 당신이 허락해 주신 당신 종들과의 우정을 거룩하게 하소서. 우리의 심령이 당신의 사랑으로 연합될 때, 우리의 기도가 서로에게 들려지게 하소서. 그리고 그 안에서 더욱 은혜롭게 연합되게 하소서. 당신 종들의 마음을 타락과 유혹 앞에 강하게 하소서; 우리가 우리 자신을 당신을 섬기는 일에 신실하고 온전하게 바치게 하소서. 서로에게 사랑을 불러일으켜, 당신을 섬기며 당신 사랑 안에서 함께 성장하여 당신 나라에 임하게 하소서. 당신의 무한하신 자비로, 우리 구주 예수 그리스도의 공로를 통하여, 당신 안에서 죽은 이들과 함께 당신 앞에서 기쁨을 누리게 하소서; 성부와 성령과 함께 성자 예수 그리스도, 은총의 유일하신 주권자, 왕 중의 왕, 주님 중의 주님이시여, 존귀와 능력을 영원토록 받으소서. 아멘.

토요일 아침

즐거이 하나님을 찬양합니다

　하늘과 땅의 창조자이며 주권자이신 하나님이시여, 당신은 천사와 인간의 아버지이시고, 생명의 근원이시며, 모든 피조물의 보호자이십니다. 오늘 아침 겸손한 마음으로 당신의 위엄에 바치는 찬양과 감사의 제사를 사랑으로 받아 주소서. 오! 주님, 당신은 당신의 모든 피조물에게 찬양을 받기에 합당하십니다. 해는 동쪽에서 떠서 서쪽으로 지는 그 일과로 기뻐합니다. 왜냐하면 그 일은 자신의 창조주인 당신을 찬양하는 일이기 때문입니다. 해와 달은 고요한 밤중조차도 당신의 영광 나타내기를 중단하지 않습니다. 땅은 매일 땅의 성스러운 왕인 당신께 향기로운 향을 내뿜습니다. 당신은 땅을 언덕과 골짜기로 아름답게 치장시키셨고, 풀과 나무로 관을 씌우셨나이다. 골짜기는 그의 목소리를 높이고, 위대한 창조주이시며, 우주의 왕, 영원하신 당신을 향해 그의 손을 높이 듭니다. 창수는 손뼉을 치며, 언덕들은 당신 앞에 함께 기뻐합니다. 열매를 맺은 계곡들은 즐거이 당신을 찬양합니다. 당신은 당신이 창조한 수없이 많은 동물들을 먹이십니다: 이들은 당신을 섬기며, 당신은 그들에게 때에 따라 양식을 주십니다. 당신은 우리의 안락함을 위하여 빛을 만드셨고, 밤이면 지구에 어둠을 드리우시어, 생물들이 안식을 취하게 하십니다. 천둥과 우박, 눈과 비, 바람과 폭우는 당신의 말씀을 행하며, 당신의 영광을 나타냅니다. 무생물도 생명의 주님이신 당신을 선포합니다. 이성이 없는 동물들도 그들의 지혜로우신 창조자를 드러냅니다. 자연의 축제 속에서 사람의 아들들이 침묵하기란 고통스럽습니다. 당신의 가장 고귀한 피조물에게, 당신께 가장 고귀한 찬양의 제사를 드리게 하소서. 당신의 은총을 내 안에 부으셔서 당신의 위대하고 영광스러운 이름을 높이게 하소서. 당신은 나를 만드시고, 당신의 일을 행하게 이 세상에 보내셨습니다. 창조주의 목적을 행하게 도우시고, 신실하게 당신을 찬양케 하소서. 오! 주님, 나의 손의 행사를 번성하게 하소서. 오늘 내가 맡은 일을 번영케 하심으로, 내 이웃의 유익과 당신의 영광, 내 영혼의 구원이 되게 하소서.

당신을 화나게 만들도록 나를 끊임없이 유혹하는 올무와 유혹에서 나를 보호하소서. 나를 당신의 성령으로 인도하셔서, 당신의 섭리로 오늘도 이끌어 주소서. 나의 생각을 흩트리고, 나를 당신께 나아가지 못하게 하며, 당신 섬기는 일을 방해하는 세상과의 교통을 끊게 하소서. 늘 당신 앞에서 걷게 하시고, 이 인생이 영원을 추수하기 위해 씨 뿌리는 시간임을 깨닫게 하소서. 나를 깨끗하고, 흠없이 끝까지 보호하소서. 당신께서 부르신 부름의 자리에서 성실히 당신의 뜻을 수행하여, 우리 구세주 예수 그리스도를 통해 나의 부르심과 선택을 굳세게 할 수 있게 하소서.

오! 주님, 모든 인류를 위한 나의 기도를 들으시고, 그들의 발걸음을 평화의 길로 인도하소서. 당신 교회의 타락을 갱신하시고, 교회의 분파를 치유하시며, 옛 교리를 회복시키소서. 감독이나 목사나 전도사나, 모든 주의 종이 좋은 목자로서 그들에게 맡겨진 양 떼를 먹이게 하소서. 대통령과 그의 가족, 그들을 보좌하는 이들에게 은혜를 더하소서. 그들의 지위만큼 선함에도 뛰어나게 하시며, 당신 영광의 상징적 도구가 되게 하소서. 당신을 섬기게 하려고 택하신 대학과 기관들이 영원히 번성하게 하소서. 오! 주님, 재벌들, 이 땅의 상류층과 서민들을 보호하셔서, 당신의 거룩한 교회의 변함없는 성찬에 참여하고, 대통령에게 겸손히 순종하며, 교회의 사랑으로 서로를 섬기게 하소서.

특별히 나의 아버지와 어머니, 형제자매들, 나의 모든 친구와 친척들에게 은총을 내려 주소서. 그들의 모든 죄를 용서해 주시고, 모든 허물을 고쳐 주소서. 당신 보시기에 가장 합당한 복을 그들에게 내려 주시며, 당신을 영원히 향유할 수 있게 이 땅에서 그들을 사용하소서.

오! 은혜로운 위로자시여, 사랑의 눈으로 고통 중에 있는 이들을 살피소서; 죄수들의 한숨과 병자들의 신음과 억압받는 이들의 기도와 가난하고 궁핍한 자들의 소망이 당신 앞에 이르게 하소서. 나를 대적하는 자들에게 용서와 은총을 내리시며, 나에게 자비를 베풀게 도우시고, 당신을 사랑하게 하소서. 그들의 눈에서 구름이 걷히게 하시고, 그들 마음의 강퍅함을 녹이셔서 그들이 이웃을 자기 몸처럼 사랑할 수 있게 도우소서. 내가 나의 대적자들을 사랑함으로써 당신에게 기쁨을 드리게 하소서. 나를 저주하는 이들에게 복을 주소서. 나를 미워하는 이들에게 선을 행하고, 나를 이용하고 핍박하는 이들을 위해 기도하게 하소서. 오! 주님, 당신의 선하심으로 당신이 선택한 이들의 수를 완성하시고, 당신 나라가 속히 임하게 하소서. 모든 교회와 더불어 우리가 우리 주 예수 그리스도로 말미암아 우리의 완전 성화를 이루게 하소서. 성령과의 하나 됨 안에서, 우리 주 예수 그리스도와 함께, 예수 그리스도를 통하여 전능하신 성부 하나님, 모든 영예와 영광을 이제와 항상 영원히 받으시나이다. 아멘.

이 밤에도 나를 보호하소서

전능하시며, 인간을 향해 이적을 행하시는 가장 위대하고 영화로우신 하나님, 당신의 풍성하신 사랑으로 나를 창조하시고, 보호하시며, 때를 따라 복을 주심을 감사하며 찬양하나이다. "주님, 당신은 태초에 땅의 기초를 세우셨으며, 하늘은 당신 손의 작품입니다." 당신은 해와 달과 낮과 밤을 창조하셨고, 아침과 저녁을 통해 당신을 찬양케 하셨습니다. 당신은 "흙으로 인간을 창조하시고 생기를 불어넣으셨습니다." 당신은 인간을 당신의 형상으로 만드셔서, 인간이 당신을 알고 사랑할 수 있게 하셨습니다. 인간의 본성은 온전하고, 당신의 뜻은 인간의 율법이 되었으며, 당신의 복은 인간의 분깃이 되었나이다. 인간이 낙원을 떠난 후에도 당신은 당신의 사랑을 완전히 거두지 않으셨습니다. 모든 세대에 걸쳐 인간을 구원하시고 도우시고 보호하소서. 당신은 당신의 율법으로 우리를 가르치시며, 당신의 높으심으로 우리를 조명하십니다. 당신은 당신 아들의 피로 우리를 구원하셨으며, 당신의 성령의 은혜로 우리를 만족시키십니다. 당신을 아무리 많이 사랑한다 하더라도, 우리는 우리를 향한 이 모든 당신의 사랑을 갚을 길이 없고, 당신의 이름을 영화롭게 할 가치도 없습니다. 내 영혼의 모든 능력도 당신께 합당한 감사를 드리기에는 너무나도 부족합니다. 당신은 당신의 선하심에 대한 보상으로 감사의 제사를 받기를 원한다고 말씀하셨습니다. 그러므로 내가 영원히 당신을 송축하며, 당신의 능력을 경외하고, 당신의 선하심을 높이게 하소서. 나의 혀로 날마다 당신의 의로우심을 찬양하며, 당신의 구원을 선포하게 하소서. 내 영혼이 당신을 영원히 찬양하기를 원하나이다; 내가 사는 동안 나의 하나님을 찬양할 것입니다. 내게 스랍(사 6:2, 6)의 마음을 주셔서 그들처럼 사랑으로 불타게 하소서. 나는 땅에 거하지만, 내가 할 수 있는 한 하늘의 왕이신 당신을 찬양할 것입니다. 나는 연약하고 죽을 수밖에 없는 인간이지만, 천사들이 내려와 당신의 영화로운 이름을 높이며 끊임없이 찬양의 노래를 부를 때, 불멸의 천사장과 함께 찬양할 것입니다.

"거룩, 거룩, 거룩, 전능하신 주여! 하늘과 땅이 그의 영광으로 가득 찼도다! 가장 높으신 주님에게 영광을 돌릴지어다. 아멘, 할렐루야."

오! 자비로우신 아버지, 오늘도 나를 보호해 주심을 겸허한 마음으로 감사드립니다. 이 밤에도 당신의 인자하심으로 나를 보호하소서. 당신의 거룩한 천사에게 나를 보호하게 하시며, 나를 악인과 악한 영의 유혹에서 건지소서. 평안 중에 잠들게 하시며, 죄 중에 잠들게 마소서. 당신을 섬기기에 합당한 자로서 잠자리에서 일어나게 하소서.

하나님 나라를 통치하시는 당신께서 당신이 만드신 모든 이들의 마음을 다스리시며, 교회의 타락을 갱신하고, 당신 교회의 분열을 치유하시며, 진리와 평화로 당신의 교회를 세우소서. 모든 성직자에게 은혜를 내려 주시며 진리를 분별하게 하소서. 이 나라의 죄를 용서하시고, 우리 마음을 돌이키셔서 죄가 우리를 멸하지 않게 하소서. 당신이 보시기에 가장 적합한 복으로 대통령과 그의 가족에게 내리소서. 국회의원들과 장관들에게 은혜를 주셔서 그들의 위치에서 당신을 잘 섬길 수 있게 하소서. 신학대학들에게 복을 내리셔서 당신의 신앙과 사랑의 보루가 되며, 악과 불신앙을 방어하게 하소서. 상류층과 일반 백성들이 당신의 교회와 끊임없이 교통하며, 나라의 통치자에게 순종하고, 서로를 사랑하게 하소서.

내 곁에 있으며, 나를 사랑하는 모든 이들에게 은총을 내리소서. 그들의 이름을 기억하시고, 그들의 필요를 채워 주소서. 당신의 선하심으로 그들의 필요에 따라 당신의 은혜를 내려 주소서. 나의 대적자들을 용서하시며, 회개하게 하시고, 사랑의 은사를 내려 주소서. 마음과 몸과 영혼이 고통 중에 있는 자들을 불쌍히 여기셔서 그들에게 인내를 더하시며, 가장 적합한 때에 구원을 이루소서.

태초에 우리를 사랑하셨고, 우리를 사랑받는 자로 영접해 주셨던 하나님 아버지와, 우리를 사랑하시고 자신의 피로 우리의 죄를 씻어 주신 성자 하나님, 우리 마음에 하나님의 사랑을 부어 주신 성령 하나님, 영세무궁토록 모든 영광과 사랑을 받으옵소서. 아멘.

참고문헌

Baxter, R. (1962). *The saints everlasting rest.* London: Epworth Press.

Bergan, J. & Schwan, S. (1985). *Take and receive: Love.* Winona, MN: St. Marys Press Christian Brothers Publication.

Bonhoeffer, D.(1987). *Meditating on the Word.* (edited and translated by David Mc I. Gracie), NY, NY: Walker & Company, 1987.

Coleman, R. E. (Ed.) (1989). *The heart of Wesleys journal, John Wesley.* Grand Rapids, MI: Kregel Publications.

Collins, K. T. (1997). *The scripture way of salvation.* Nashville, TN: Abingdon Press.

Davies, R., George, A. & Rupp, G. (1988). *A history of the Methodist Church in Great Britain, 4.* London: Epworth Press.

Driskill, J. D. (1999). *Protestant spiritual exercise: Theology, history and practice.* Harrisburg, PA: Morehouse Publishing.

Dunnam, M. (1986). *The workbook on becoming alive in Christ.* Nashville, TN: The Upper Room.

Dunnam, M. & Reisman, K. (1999). *The workbook on virtues and the fruit of the spirit.* Nashville, TN: The Upper Room.

Grawcci, M. (1999). *Retreatant prayer guide.* Mercy Center, Burlingame, CA.

Harper, J. S. (1981). *The devotional life of John Wesley,* 1703-38. Unpublished doctoral dissertation. Duke University, Ann Arbor, MI.

Heitzenrater, R. (Ed.) (1985). *Diary of an Oxford Methodist, Benjamin Ingham, 1733-1734.* Durham, NC: Duke University Press.

Huntley, F. L. (1981). *Bishop Joseph Hall and Protestant meditation in seventeenth-century England: A study with the texts of the art of divine meditation (1606) and occasional meditations (1633).* Binghamton, NY: Center for Medieval and Early Renaissance Studies.

Jackson, T. (Ed.) (1986). *The works of John Wesley, (Vols. 5, 6, 8, 11).* Peabody, MA: Hendrickson Publishers.

Judy, D. (1991). *Christian meditation and inner healing.* NY: The Crossroads Publishing Company.

Kadloubovsky, E. & Palmer, G. E. H. (Tr.) (1992). *Writings from the Philokalia on prayer of the heart.* Great Britain: Mackays of Chatham PLC.

Kaufmann, U. M. (1966). *The pilgrims progress and traditions in puritan meditation.* New Haven, CT & London: Yale University Press.

Keating, T. (1997). *Open mind and heart: The contemplative dimension of the gospel.* NY: Continuum.

Kim, H. (1991). *The theology of social sanctification examined in the thought of John Wesley and in minjung theology: A comparative study.* Unpublished doctoral dissertation. Drew University, Madison, NJ.

Knight III, H. H. (1987). *The presence of God in the Christian life: John Wesley and the means of grace.* Metuchen, NJ: Scarecrow Press.

Luther, M.. "A Simple Way to Pray" (translated by Carl J. Schindler, 1535), Luther's Works (American edition), V. 43, Devotional Writings II (edited by Gustav K. Wiencke) (general editor: Helmut T. Lehmamn, Philadelphia: Fortress Press.

Meeks, M. D. (Ed.) (1985). Wesleyan spirituality and faith development: Working group paper. *The future of the Methodist theological traditions* (pp. 193-208). Nashville, TN: Abingdon Press.

Minutes of the Methodist Conference. (1812). *Minutes of the Methodist Conference from the first, held in London by the late Rev. John Wesley, A. M. in the year 1744, V. 1.* London, Printed at the Conference Office, 14, City Road, by Thomas Cordeux, Agent.

Mount Carmel Ministries. (2001). *Daily Texts: Bible Verses Prayers for Each Day of the Year.* Alexandria, MN.

Nigro, A. M. & Christensen, J. F. (n.d.). *Prayering with scripture* (Pamphlet). Unknown publisher.

Puhl, L. J. (1951). *The spiritual exercises of St. Ignatius.* Chicago: Loyola Press.

Rack, H. D. (1989). *Reasonable enthusiast.* Philadelphia: Trinity Press International.

Rutter, T. (1988). *Where the heart longs to go: A new image for pastoral ministry.* Nashville, TN: Upper Room Books.

Teague, S. E. (1973). *The John Wesley Great Experiment: Sunday, Jan. 24.* Nashville, TN: Discipleship Resources.

Weakly, C., Jr. (Ed.) (1977). *The nature of spiritual growth: John Wesley.* Minneapolis, MN: Bethany House Publishers.

Wesley, J. (1987). *Wesleys notes on the Bible.* Grand Rapid, MI: Francis Asbury Press.

Wesley, T. D. (1987). *The Wesleyan way to spiritual formation: Christian spirituality in the letters of John Wesley.* Unpublished doctoral dissertation. San Francisco Theological Seminary, San Anselmo, CA.

Williams, C. (n.d.). *John Wesleys theology.* Nashville, TN: Abingdon Press.

웨슬리 영성수련 프로그램

초판3쇄 2011년 9월 23일
권희순 지음

발행인 | 신경하
편집인 | 손인선

펴낸곳 | 도서출판 KMC
등록번호 | 제2-1607호
등록일자 | 1993년 9월 4일

100-101 서울특별시 중구 태평로1가 64-8 감리회관 16층
(재)기독교대한감리회 출판국
대표전화 | 02-399-2008 팩스 | 02-399-4365
홈페이지 | http://www.kmcmall.co.kr

값 10,000원
ISBN 89-8430-295-3 03230